渡部史絵
Watanabe Shie

北海道から九州まで、
全国の路面電車の
現状を徹底解説！

路面電車の魅力大研究

駒場車庫前
KOMABA-SHAKO-MAE

箱館ハイカラ號

JN073333

イカロス出版

チンチン電車の走る街

「ガタン、ガタン、ゴトン、ゴトン」
チンチン電車がやってきた。
少し騒がしいけど、少し小さいけど、
私たちの大切な街の足だ。
全国で19事業者の路面電車が、
今日も走り続けている。

とさでん交通　はりまや橋はとさでん交通4路線の起点となり、今では珍しい平面交差も見られる。

人

チンチン電車は、人との距離が近い。歩行者信号が青ならば、
電車は止まって私たちが通るのを待ってくれる。
優しい乗り物だ。

上・**とさでん交通**　狭い道をチンチン電車がやってきた。人も、自転車も、車も、電車が共存する姿だ。
下・**岡山電気軌道**　横断歩道を自転車が渡る。チンチン電車がそれを見守っている。

東京都交通局・都電荒川線　桜満開の飛鳥山は多くの人で賑わっていた。チンチン電車も一旦停止して、桜を愛でているようだ。

富山地方鉄道　富山駅は JR の駅とチンチン電車の停留場は直結している。駅のコンコースに電車が溶け込んでいるように見える。

街

チンチン電車は、街をめぐりながらたくさんの乗客を運ぶ。
会社や学校、商店街、行きたい場所に私たちを運んでくれる。

上・鹿児島市交通局　国の登録有形文化財にも指定されている 1937（昭和 12）年竣工の鹿児島市役所前を走る「ユートラム」。
下・熊本市交通局　森鷗外などの文豪も訪れた新町の長崎次郎書店は創業 140 年以上の歴史がある。もちろんチンチン電車の走る前だ。

札幌市交通局 狸小路商店街は多くの人で賑わっていた。アーケードの先にはチンチン電車が走る。

芸術

街には芸術が溢れている。何気ない看板、小さな花壇、
街路樹、銅像、美の街を形成するアイテムは多い。
今日も個性的なオブジェが、チンチン電車を見守っている。

上・富山地方鉄道　富山はガラ
スの街。歩道に飾られたガラス
アートから見た電車は異次元の
ようだ。
右・熊本市交通局　肥後手まり
歌に登場する狸は街の人気者。

ふれあい親子狸

● 頭をなでれば　学運・霊運
● お手てをなでれば　交通安全
● お腹をなでれば　福運・安産
● 珍々をなでれば　珍運・子宝
● 金の玉をなでれば　金運・主運
● 尻尾をなでれば　大願成就
● 心をなでれば　愛情わくわく
肥後てまり唄顕彰会

左・**長崎電気軌道**　西浜町のベンチに座るサックスおじさん。　右・**富山地方鉄道**　富山といえば薬売り。

下左・**福井鉄道**　福井市のメインストリート「フェニックス通り」のオブジェ。
下右・**熊本市交通局**　水の力でぐるぐる回るグラニットボール。思わず触りたくなる。

自然

チンチン電車は街の中だけではない。
ときには郊外に飛び出して、
自然と触れ合うこともできる。
海や山、川、四季折々の美しい景色が車窓を飾る。

広島電鉄　宮島線は風光明媚な区間を走る。背後の瀬戸内海では、広島名物の牡蠣いかだも見える。

函館市企業局交通部　八幡坂から見た函館湾。かつて活躍した青函連絡船の姿が見える中、レトロなチンチン電車がやってきた。

上・**万葉線**　庄川を渡る万葉線。右手はすぐに富山湾になる。
下・**宇都宮ライトレール**　休日に釣り堀を楽しむ人たちの背後を最新鋭の LRV が通過する。

名所・旧跡

古くから栄える街には神社や寺院、城など名所・旧跡も多く、──チンチン電車で巡るのも楽しい。

左・**熊本市交通局** 通町筋停留場からは熊本のシンボル熊本城を一望できる。
下・**伊予鉄道市内線** 山の上に建つ松山城の下を走る「坊っちゃん列車」。

上・**京福電気鉄道・嵐電**　広隆寺前を嵐電が走る。
中・**阪堺電気軌道**　住吉大社前を走る阪堺電車は大阪らしい姿だ。
下・**東急世田谷線**　初詣の人で賑わう正月の世田谷八幡宮。

線路

線路は地形に沿って敷設されるため、急坂や急カーブが
いくつもある。モーター音をうならせながら、
チンチン電車は難所を克服する。

上・**豊橋鉄道・東田本線**　半径11mの通称「井原の大カーブ」を通過する800形。車体が線路と違う方向を向くのは圧巻。
下・**京阪電鉄・京津線**　東海道本線とのクロス地点は、京津線が蝉丸跨線橋、東海道本線が上関寺隧道と名称が異なる。レンガ造り
のトンネルは1921（大正10）年誕生したが、いずれも逢坂山を越えるための難所だ。　　　　　　　　　　　●写真：結解 学

はじめに

　路面上（道路の上）を走る電車のことを、一般的には「路面電車」という。まだ電車が開発されていない時代、路面の鉄道の始まりは、馬が客車を引く「馬車鉄道」であった。

　しかし馬は生き物。軌道上は馬による糞尿問題で悩まされ、悪臭は周辺にまで広がっていた。馬以外の動力機関の開発が急務となり、蒸気機関車などを用いたこともあったが、1879（明治12）年にベルリンの博覧会において、ドイツのシーメンス社が、電気で走るいわゆる「電車」を発表。デモ走行を行ったことで「路面電車の歴史」は始まっている。

　我が国では1890（明治23）年に、東京の上野公園で行われた内国勧業博覧会において、電車のデモ運転を行ったのが始まりである。その後、僅か5年後の1895（明治28）年2月1日に、京都市内にて京都電気鉄道（のちの京都市電）による路面電車の営業運転が始まった。 伏見線 七条停車場～伏見油掛間の開業時、運賃は1区2銭、半区1銭、全線で6銭。軌間は1067mm、使用電圧は500Vだった。

　それから約130年。近代化する都市部の交通機関として活躍し、戦中も人々の欠かせない移動手段として、休むことなく運行を続けた。
戦後の高度経済成長期にも、どんな乗り物より人々を近くで支えてきたが、自動車主体の社会、いわゆるモータリゼーションの波が訪れ、路面電車離れを引き起こした。路面電車の運行を廃止する地域が多発したのだ。

　一時期は衰退の一途を歩んだが、ここ数年環境保全や少子高齢化により中量輸送に適している路面電車の存在が、再び見直されている。その歴史はどのように刻まれ、これからどのような未来を作り上げていくのだろう。

　現状として、各地の路面電車にはどんな車両が走っているのか？　運賃は幾らなのか？　お得な乗車券や沿線の見どころは？

　ここに、日本全国の北から南まで現存する路面電車19事業者の詳細を、事業者別に解説している。廃業になった思い出の路面電車の一部も、紹介させて頂いた。

　ぜひ、本書と一緒に、路面電車の旅に出かけてみませんか。

　最後に大変貴重なお写真の数々をご提供いただいた、鉄道写真家の結解学氏、本書にご協力いただいた事業者の皆様。誠にありがとうございました。ここに心より御礼申し上げます。

2024年4月　渡部史絵

路面電車の魅力大研究◉目次

※各事業者の車両一覧は、2024年1月1日を基準としています。
　その後に登場した車両も極力反映していますが、現状と一部合わない場合もあります。
　どうぞご了承ください。

路面電車の強み

　私たちが、ふだん何気なく利用している電車。通勤通学で利用している方も非常に多いと思う。特に都市部においては、その路線網から、目的地に一番早く着く交通手段として選択される方も多いだろう。

　ところで、この電車のニッポンデビューは、1890(明治23)年に、東京上野公園で開催された第3回内国勧業博覧会でのお披露目に始まる。この時は、あくまでも製品としての試乗・展示が主であり、わずか300m位の区間を往復するだけのものであった。

　しかし、この博覧会で好評を博した電車は、1895(明治28)年には、京都(京都電気鉄道)で早くも営業運転を開始した。これが日本における本格的な電気鉄道の始まりである。

　京都に始まった電気鉄道の運転は、その後、名古屋(廃線・名古屋市電・川崎(現存・京急大師線)・小田原(廃線・箱根登山小田原市内線)・別府(廃線・大分交通別大線)・江之島(現存・江ノ電)・伊勢(廃線・三重交通神都線)の順で展開され、東京や大阪など大都市でも重要な市内鉄道として敷設されていった。これらは、今でいう路面電車であり、現在でも国内19事業者で運行されている。

　一番新しい路面電車としては、2023(令和5)年8月に開業した、「宇都宮ライトレール」のニュースは皆さまもご存じだと思われる。二軸の電車が走り始めて128年後の姿が、あの黄色いボディの3車体連節式のスマートなLRVだ。しかも格好だけではなく、この新規路線は目論見以上に成功している。

　筆者はこの成功を機に、国内での新規路線や、既存路線の延伸を切に望みたい。路面電車のシステムは、現在わが国で進行中である高齢化社会や、移動困難者にとっても、非常に有用な公共交通だと思うからだ。

　一番の強みは、道路から直接乗れることである。特にLRVは超低床車両なので、ほぼ平坦で乗車することができる。既存の鉄道はホームまでのアクセスに、

階段やエスカレーターなどを使用するのに比べ、路面電車は非常にイージーに利用することができる。

　これは他の鉄道には無い、かつ現状では負けることのない強みである。

昭和から平成の初頭には、横断歩道橋など立体横断施設が、あちらこちらに見受けられたが、現在は取り壊されて「横断歩道化」された所も多い。

やや強引な理論ではあるが、このことからも、上下方向に移動がほとんど無い、平面な路面電車は、最良の公共交通機関だということができるのはないだろうか。

路面電車の法規云々

　私たちが、ふだん当たり前のように利用している鉄道。一般の方からすれば、JRや地下鉄、私鉄や路面電車も、車両の大きさ・施設が違うだけで、同じ鉄道にしか見えないかもしれない。

　しかし、法的に大別すると、鉄道は鉄道事業法という法律をもとに運営されており、路面電車などは、軌道法という別の法律をもとに運営されている。大枠では、同じ鉄道というシステムでありながら、法律上は大きく異なるわけだ。

　そもそも現在は、両者とも国土交通省が所管しているが、2001(平成13)年の省庁再編以前は、鉄道が運輸省、軌道が建設省と、別々の省庁が所管していた。そのため、同じ鉄道システムでありながら、異なった法律で運用されているのだ。もっとも、旧省庁での棲み分けの方が、理に適っていたように筆者は思う。

　路面電車で考えれば、文字のごとく道路上を走る電車であるわけで、その道路とともに、開通・維持されることが望ましいし、現実的である。路面電車の事業者的にも、これはメリットである。例外はあるだろうが一部を除き、路面

日本初の本格的な電気鉄道となった京都市電

　電車の走行区間は、事業者の土地では無い。道路だからだ。これこそが、一番
の鉄道との違いである。

　話を鉄道に戻すが、公共交通において、ほぼすべての施設を所有しているの
は鉄道だけである。

　例えば、バス会社は車両や車庫、バスターミナルなどは所有しているかもし
れないが、実際に走る一般道路は所有していない。同じくフェリーなどの船舶も、
運航する海上航路や港は所有していない。エアラインも空を飛ぶために航空機
は所有していても、空路、さらには空港すら所有していない。

　これらの状況から鉄道事業者は、実は莫大な費用を要するわけである。大量
輸送がかなわない線区が、極度の赤字路線に転落するのは、これらの事情から
でもある。

　先述した路面電車の軌道部分は、道路である。従って、国土交通省が所管し、

江ノ電は日本で6番目の電気鉄
道で現在は鉄道線となっている

上・鉄道線の東武鉄道。線路や
架線柱、所有地などを保有しな
くてはならない
下・道路上を走る都電荒川線。横
断歩道の信号で停車するなど路
面電車は人との距離が近い乗り
物だろう

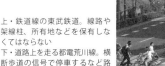

建設・維持は、自動車税などの公費が使われる。ここで、「おやっ？」と思われ
る方もいるのではないだろうか。クルマと同じく道路を走る路面電車は、自動
車税を払っているのだろうか？

　特殊な案件を除けば、答えは NO である。そもそも路面電車は自動車ではな
いので、自動車税は掛からない。「それでは、タダで道路を走っているの？」
これの答えも NO である。例外も存在するが、路面電車が走行するために必要
な部分の路面維持は、路面電車事業者が自費で整備することになっている。こ
れが、道路の使用料の代わりになっているのだ。

　もっとも、これとて事業者の収支や事情によっては、行政の補助金などの対
象となる場合もある。

　鉄道と軌道、見かけは似ていても、実際には大きく異なる点が非常に多いのだ。

札幌市交通事業振興公社
札幌市交通局

概要

　馬車鉄道から始まった札幌の路面電車、最盛期には路線延長約 25km にも及び、北は新琴似、東は苗穂、西は円山公園、南は豊平 8 丁目と、市中心部の町々を結んでいた。全国の路面電車と同じく、モータリゼーションの影響で路線は次々と廃止され、バスや地下鉄に取って代わられた。

　最終的に、西 4 丁目〜すすきの間を C 字型に走る路線が残ったが、両電停間は直線距離で約 500m しか離れておらず、この区間を結ぶことで環状運転が可能となることから、2015（平成 27）年に延伸工事により結ばれた。

　この区間は、元々市電が運行した区間なので、40 年振りの復活となった。ただし、以前のように道路中央を走らず、線路を道路の両脇に寄せ、歩道から乗降

2015 年に開業した都心線は上下線が歩道側に寄る

008

歩道のすぐ脇を路面電車が走る姿は今までにないスタイル

ができるサイドリザベーション方式とした。

路線名は軌道線と呼ばれ、環状運転を行うが、正式には1条線、山鼻線、山鼻西線、都心線の4路線からなる。線路幅は1067㎜、使用電圧600Vを使用している。

沿線には、札幌屈指の繁華街「すすきの」や、テレビ塔のある「大通公園」、「藻岩山ロープウェイ」などの観光施設も多いが、どちらかというと昔からの街中を走るため、買い物や通勤客の利用がメインと見受けられる。

乗車方法は後ろ乗り前降りで、均一運賃大人200円（小人100円）のため、整理券や乗車時のICカードリーダーへのタッチも必要ない。地下鉄との乗り継ぎ割引も設定されており、降車時の運賃支払い時に行先を告げて、運賃を支払う。

1日乗車券は、紙券とモバイル版とも大人500円（小人250円）で電車の車内でも発売されている。このほか、モバイル版の24時間券や土休日に使用できる「どサンこパス」など、用途に合わせて使用できる割引券が発売されている、詳しくはホームページを参照してほしい。

歴史

札幌における路面電車は、石切山で採掘された石材を運ぶために設立された札幌石材馬車鉄道が起源となる。市街地に多くの路線を張り巡らしたが、1918（大正7）年の北海道大博覧会を機に、馬車鉄道から路面電車にするため、軌道を軌間1067㎜にする改軌が行われた。

1918（大正7）年8月12日、停公線

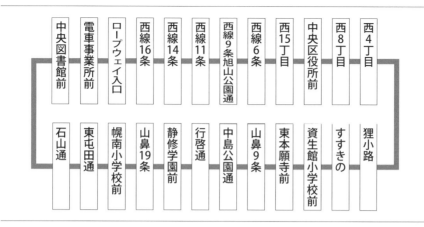

札幌市交通事業振興公社路線表

路線名	区間	距離	線路形態
一条線	西4丁目～西15丁目	1.4km	複線
山鼻西線	西15丁目～中央図書館前	3.2km	複線
山鼻線	中央図書館前～すすきの	3.9km	複線
都心線	すすきの～西4丁目	0.4km	複線

左・すすきの交差点を走る市内電車
右・札幌の町を併用軌道で走るポラリス

（札幌停車場～中島公園）、南四条線（南4条西3丁目～南4条東3丁目）、一条線（南1条西14丁目～南1条東2丁目）が開通した。この路面電車化に合わせて、社名が札幌電気軌道に変更されている。

1927（昭和2）年に、札幌電気軌道の軌道事業が札幌市に買収され、札幌市電気局が発足されたが、その後、札幌市交通事業所を経て1947（昭和22）年に札幌市交通局となった。

路線は順次拡大され、1960（昭和35）年には路線距離約25kmにも達したが、これが全盛期で、地下鉄南北線の開業後は、4次に渡って廃止が進められた。

現在残った路線も、当初は廃止の対象となったが、市民からの存続を求める声が多く、地下鉄を補完する交通機関として残された。

2000年代に入ると、市電を活用した

札幌市交通事業振興公社　札幌市交通局

下・毎年冬に運転される「雪ミク」電車
左・札幌市電の標準スタイルの 220 形

街づくりが計画され、2015（平成 27）年 12 月 20 日に、西 4 丁目〜すすきのの間が開業し、環状運転が開始された。2020（令和 2）年 4 月 1 日に、上下分離方式に移行され、札幌市交通事業振興公社が運行を、施設および車両整備を札幌市交通局が行うこととなった。

車両

　現在最古となる営業車両は、1958（昭和 33）年に製造された 210 形で、丸みのある車体は、札幌の標準スタイルとなった。翌年には増備車となる 220 形、

1960（昭和 35）年には 240 形、1961（昭和 36）年に 250 形と登場するが、車体はほぼ同じスタイルを維持している。新製車ながら、210 形は 110、150 形、220 形は 120、130 形、240 形は 150 形と、いずれも旧型車両の主要機器が流用されている。

　1985（昭和 60）年には、VVF インバータ制御の 8500 形 2 両が新製された。カルダン駆動や回生ブレーキなど、新らしい技術が取り入れられた車両となった。ただ、製造から 30 年を過ぎると各機器の劣化が見られたことから、8502 号が 2021（令和 3）年度に更新されたが、

3 車体連接の A1200 形ポラリス

8501 号は見送られ、2023（令和 5）年に廃車となった。

　1987（昭和 62）年には、8500 形の増備車として 8510 形 2 両が新製された。車体の一部が変更されたが、基本仕様は 8500 形を踏襲している。1988（昭和 63）年にも増備車となる 8520 形が 2 両新製されている。

　1998（平成 10）年には、3300 形が 5 両製造された。330 形の電装品を利用し、車体を新製したため車体は新しいが、吊り掛け駆動方式となっている。2011（平成 23）年から毎年冬季に、初音ミクの「雪ミク」ラッピング車両として運行されており、この年 12 月から翌年 3 月まで 3303 号が使用されたが、それ以外のシーズンは 3302 号が使用されている。

　2015（平成 27）年の環状運転に際して、魅力ある車両で集客効果を高めようと、アルナ車両のリトルダンサーシリーズ、Ua タイプ A1200 形を、2013（平成 25）年に導入した。3 車体連接の超低床電車で「ポラリス」の愛称が付けられ、翌年にも 2 編成が増備されたが、それ以降は、単車の 1100 形に移行した。

　1100 形は、リトルダンサーシリーズのタイプ s となる単車で、「ポラリス」と同じく超低床車両となる。「シリウス」の愛称で、現在までに 10 両が運行されている。

　降雪のある札幌市電は、除雪用車両が在籍し「ササラ電車」と呼ばれ、親しまれている。「ササラ」とは竹製のブラシのことで、これを回転させて、軌道上の雪を跳ね飛ばす仕組みで、「雪 2、11、21 〜 23」の 5 両が在籍する。

左・札幌市電初の VVVF インバータ制御の 8500 形　右・沿線は商店や住宅が立ち並ぶ

札幌市交通局　車両センター　車両一覧（現役の車両一覧）

形式	番号	製造年	製造所	駆動方式	制御方式	車体形状	備考
210	211	1958	札幌綜合鉄工共同組合	吊り掛け	抵抗	ボギー車	
	212	1958	札幌綜合鉄工共同組合	吊り掛け	抵抗	ボギー車	
	214	1958	札幌綜合鉄工共同組合	吊り掛け	抵抗	ボギー車	
220	221	1959	札幌綜合鉄工共同組合	吊り掛け	抵抗	ボギー車	
	222	1959	札幌綜合鉄工共同組合	吊り掛け	抵抗	ボギー車	
240	241	1960	札幌綜合鉄工共同組合	吊り掛け	抵抗	ボギー車	
	243	1960	札幌綜合鉄工共同組合	吊り掛け	抵抗	ボギー車	
	244	1960	札幌綜合鉄工共同組合	吊り掛け	抵抗	ボギー車	
	246	1960	札幌綜合鉄工共同組合	吊り掛け	抵抗	ボギー車	
	247	1960	札幌綜合鉄工共同組合	吊り掛け	抵抗	ボギー車	
250	251	1961	札幌綜合鉄工共同組合	吊り掛け	抵抗	ボギー車	
	252	1961	札幌綜合鉄工共同組合	吊り掛け	抵抗	ボギー車	
	253	1961	札幌綜合鉄工共同組合	吊り掛け	抵抗	ボギー車	
8500	8502	1985	川崎重工	カルダン	VVVF	ボギー車	
8510	8511	1987	川崎重工	カルダン	VVVF	ボギー車	
	8512	1987	川崎重工	カルダン	VVVF	ボギー車	
8520	8521	1988	川崎重工	カルダン	VVVF	ボギー車	
	8522	1988	川崎重工	カルダン	VVVF	ボギー車	
3300	3301	1998	アルナ工機	吊り掛け	抵抗	ボギー車	334 号の更新車
	3302	1999	アルナ工機	吊り掛け	抵抗	ボギー車	333 号の更新車
	3303	1999	アルナ工機	吊り掛け	抵抗	ボギー車	332 号の更新車
	3304	2000	アルナ工機	吊り掛け	抵抗	ボギー車	335 号の更新車
	3305	2001	アルナ工機	吊り掛け	抵抗	ボギー車	331 号の更新車
A1200	A1201	2013	アルナ車両	カルダン	VVVF	3 車体連接	愛称「ポラリス」
	A1202	2014	アルナ車両	カルダン	VVVF	3 車体連接	愛称「ポラリス」
	A1203	2014	アルナ車両	カルダン	VVVF	3 車体連接	愛称「ポラリス」
1100	1101	2018	アルナ車両	カルダン	VVVF	ボギー車	愛称「シリウス」
	1102	2019	アルナ車両	カルダン	VVVF	ボギー車	愛称「シリウス」
	1103	2019	アルナ車両	カルダン	VVVF	ボギー車	愛称「シリウス」
	1104	2020	アルナ車両	カルダン	VVVF	ボギー車	愛称「シリウス」
	1105	2020	アルナ車両	カルダン	VVVF	ボギー車	愛称「シリウス」
	1106	2021	アルナ車両	カルダン	VVVF	ボギー車	愛称「シリウス」
	1107	2021	アルナ車両	カルダン	VVVF	ボギー車	愛称「シリウス」
	1108	2022	アルナ車両	カルダン	VVVF	ボギー車	愛称「シリウス」
	1109	2022	アルナ車両	カルダン	VVVF	ボギー車	愛称「シリウス」
	1110	2023	アルナ車両	カルダン	VVVF	ボギー車	愛称「シリウス」
雪形	雪 2	1949	札幌市交通局	吊り掛け	抵抗	単車	事業用　ササラ電車
雪 10 形	雪 11	1998	札幌交通機械	吊り掛け	抵抗	単車	事業用　ササラ電車
雪 20 形	雪 21	2019	札幌交通機械	吊り掛け	抵抗	単車	事業用　ササラ電車
	雪 22	2022	札幌交通機械	吊り掛け	抵抗	単車	事業用　ササラ電車
	雪 23	2022	札幌交通機械	吊り掛け	抵抗	単車	事業用　ササラ電車

函館山を背景に走る、初の VVVF インバータ制御の 2000 形 2002 号

函館市企業局交通部

概要

　道南の港町「函館」を走る路面電車は、正式名称が「函館市企業局交通部」と少し変わった名称になっている。以前は函館市交通局だったが、バス事業が廃止され、水道局と統合したことで、このような名称となった。

　路線は、谷地頭と湯の川を結ぶ「2 系統」と、函館どつく前と湯の川を結ぶ「5 系統」が運行されており、両系統は十字街で合流して終点の湯の川を目指している。

　現在は 2 通りの系統しかないが、かつ

ては、多くの路線が函館の町を走っており、1965（昭和 40）年頃には、臨時や夜運行の系統を含めて 12 通りの系統が存在した。しかし、モータリゼーションの影響で 1978（昭和 53）年から路線の短縮や廃止が始まり、系統番号も何度か改訂され現在に至っている。

　路線距離は 10.9km で、終着駅の折り返し線を除いて全線が複線となっている。軌間は都電と同じ馬車鉄道の 1372mm を採用し、使用電圧は 600V を使用する。

　函館市内には、多くの観光地が点在しており、市電を使って巡ることもできる。

2000形 2002 号

函館山から延びる坂道と、函館ハリスト
ス正教会がある元町地区、赤レンガ倉庫
や朝市のベイエリア、五稜郭公園や繁華
街の五稜郭地区、湯の川エリアの温泉街
など、見どころも多い。

　毎年4〜10月の土休日には、レトロ
調の「箱館ハイカラ號」が運行されてお
り、明治から昭和初期の電車旅が楽し
める。

　運賃は、乗車距離に応じた「対キロ区
間制」を採用しているため、後扉から乗

車の前扉下車の整理券方式で、ICカー
ド「ICAS nimoca（イカスモニカ）」の
ほか、主要な交通系ICカードも利用で
きる。ICカード利用時は、乗車時と下
車時にリーダーにカードをタッチする。

　紙券の「市電1日券」大人600円（小
人300円）が発売されているほか、「ス
マートフォン市電1日乗車券」（料金は
紙券と同額）、「スマートフォン市電24
時間乗車券大人900円（小人450円）、「ス
マートフォン市電・函館バス1日（また
は2日）乗車券」なども設定されている。

歴史

　函館を走る路面電車の起源は古く、

洋風建築と3000形。函館らしい光景だ

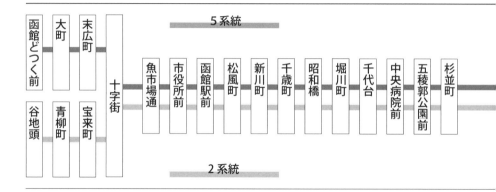

5系統

函館どつく前　大町　末広町　十字街　魚市場通　市役所前　函館駅前　松風町　新川町　千歳町　昭和橋　堀川町　千代台　中央病院前　五稜郭公園前　杉並町

谷地頭　青柳町　宝来町

2系統

函館市企業局交通部路線表

路線名	区間	距離	線路形態
本線	函館どつく前〜函館駅前	2.9km	複線
宝来・谷地頭線	谷地頭〜十字街	1.4km	複線
大森線	函館駅前〜松風町	0.5km	複線
湯の川線	松風町〜湯の川	6.1km	複線

明治から昭和初期を再現した「箱館ハイカラ號」　　　　　　　　　　　　　　　　　　　　　800形を更新した8000形

1897（明治30）年に開業した亀函（きかん）馬車鉄道がルーツとなる。函館鉄道との合併によって、函館馬車鉄道に名称が変更され、1911（明治44）年に電力会社の函館水電に買収された。これにより、1913（大正2）年から翌年にかけて全線を電化、北海道初の路面電車が誕生した。

　昭和に入ると電力会社の再編と統合が行われ、名称も帝国電力、大日本電力と変わり、1943（昭和18）年に、道南電気軌道を経て函館市に譲渡された。譲渡時は、函館市役所交通局としたが、すぐに函館市交通部に変更、1952（昭和27）年に公営企業の函館市交通局が誕生した。

　路線の方は、大正から昭和にかけて延伸が行われ、最盛期となる1960年代には6路線17.9㎞にも及んだ。

　しかし、1978（昭和53）年から路線の廃止が始まり、1993（平成5）年の本線の一部区間と宮前線の廃止をもって、

柏木町

深堀町

競馬場前

駒場車庫前

函館アリーナ前

湯の川温泉

湯の川

昭和の路面電車を感じる710形

現在の路線網となった。

　函館市交通局時代は、バス路線の営業も行っていたが、経営の合理化により、函館バス（株）に移管する形で撤退した。残った路面電車事業は、2011（平成11）年に、水道・下水道事業と統合し、函館市企業局を発足、路面電車は交通部に所属することとなった。

函館市企業局交通部系統表

系統番号	区間
2	谷地頭〜湯の川
5	函館どつく前〜湯の川

1両になってしまった800形

超低床電車 9600 形「らっくる号」

現役車両

　最古参となるのは、1948（昭和 23）年製造の 500 形となるが、501 号は国鉄五稜郭工場で車体の更新を行ったため、オリジナルに近いのは、1950（昭和 25）年生まれの 530 号となる。現在 501 号は貸切用、530 号は多客期などに運行される。

　30 形の「箱館ハイカラ號」は、1992（平成 4）年にササラ電車排 2 号を、明治から昭和初期に活躍した電車に復元した車両で、4 〜 10 月の観光シーズンの土休日に運行されている。

　710 形は 1959（昭和 34）年から製造された車両で、前面が 3 枚窓、側面の窓は上段が固定された「バス窓」タイプの、1960 年代によく見られた路面電車の基本的なスタイル。715 号は車体を更新して 7000 形になっている。

　800 形は 710 形を基本とした増備車となるが、現在は 1 両のみが残り、他の車両は車体を更新して 8000 形、8100 形に変更された。

　2000 形は、1993（平成 5）年にアルナ工機で新製された。函館市電初の VVVF インバータ制御。2 両が製造されたが、側窓が異なっているのが特徴。

　3000 形は 2000 形と同時期に誕生した初の冷房車両で、回生ブレーキも搭載されている。2000、3000 形とも製造から 20 年が経過したことで、2015（平成 27）年から大規模修繕工事が行われた。

　最新鋭の 9600 形は、アルナ車両が開発した「リトルダンサーシリーズ」の超低床車両で、2 車体連接構造となってい

る。現在5編成が導入され、「らっくる号」の愛称で親しまれている。

　このほか、除雪車の「ササラ電車」排3・4号と、「函館港まつり」などで運行される装飾車、装1〜3号が在籍している。

2000形2001号。2002号とは側窓が異なる

函館市企業局交通部　駒場車庫　車両一覧（現役の車両一覧）

形式	番号	製造年	製造所	駆動方式	制御方式	車体形状	備考
30	39	1993（復元）	札幌交通機械	吊り掛け	抵抗	単車	愛称「函館ハイカラ號」
500	501	1948	日本車輌	吊り掛け	抵抗	ボギー	1987年国鉄五稜郭工場改造
	530	1950	日本車輌	吊り掛け	抵抗	ボギー	
710	716	1960	新潟鐵工所	吊り掛け	抵抗	ボギー	
	719	1960	新潟鐵工所	吊り掛け	抵抗	ボギー	
	720	1960	新潟鐵工所	吊り掛け	抵抗	ボギー	
	721	1961	新潟鐵工所	吊り掛け	抵抗	ボギー	
	723	1961	新潟鐵工所	吊り掛け	抵抗	ボギー	
800	812	1965	新潟鐵工所	吊り掛け	抵抗	ボギー	
2000	2001	1993	アルナ工機	カルダン	VVVF	ボギー	
	2002	1994	アルナ工機	カルダン	VVVF	ボギー	
3000	3001	1993	アルナ工機	カルダン	VVVF	ボギー	
	3002	1994	アルナ工機	カルダン	VVVF	ボギー	
	3003	1995	アルナ工機	カルダン	VVVF	ボギー	
	3004	1996	アルナ工機	カルダン	VVVF	ボギー	
8000	8001	1990	アルナ工機	吊り掛け	抵抗	ボギー	803号の更新車
	8002	1990	アルナ工機	吊り掛け	抵抗	ボギー	808号の更新車
	8003	1992	アルナ工機	吊り掛け	抵抗	ボギー	804号の更新車
	8004	1993	アルナ工機	吊り掛け	抵抗	ボギー	801号の更新車
	8005	1994	アルナ工機	吊り掛け	抵抗	ボギー	802号の更新車
	8006	1995	アルナ工機	吊り掛け	抵抗	ボギー	805号の更新車
	8007	1997	アルナ工機	吊り掛け	抵抗	ボギー	806号の更新車
	8008	1997	アルナ工機	吊り掛け	抵抗	ボギー	809号の更新車
	8009	2012	アルナ車両	吊り掛け	抵抗	ボギー	810号の更新車
	8010	2012	アルナ車両	吊り掛け	抵抗	ボギー	811号の更新車
8100	8101	2002	アルナ車両	吊り掛け	抵抗	ボギー	807号の更新車
9600	9601	2007	アルナ車両	カルダン	VVVF	2車体連接	愛称「らっくる号」
	9602	2010	アルナ車両	カルダン	VVVF	2車体連接	愛称「らっくる号」
	9603	2014	アルナ車両	カルダン	VVVF	2車体連接	愛称「らっくる号」
	9604	2018	アルナ車両	カルダン	VVVF	2車体連接	愛称「らっくる号」
	9605	2023	アルナ車両	カルダン	VVVF	2車体連接	愛称「らっくる号」
7000	7001	2020	アルナ車両	吊り掛け	抵抗	ボギー	715号の更新車
除雪車	排3	1973 改造	函館水電	吊り掛け	抵抗	単車	元東京市244号
	排4	1973 改造	函館水電	吊り掛け	抵抗	単車	元東京市245号
装飾車	装1	1936 (1971) 改造	函館ドッグ(自社)	吊り掛け	抵抗	単車	300形の改造
	装2	1936 (1971) 改造	函館ドッグ(自社)	吊り掛け	抵抗	単車	300形の改造
	装3	1936 (1971) 改造	函館ドッグ(自社)	吊り掛け	抵抗	単車	300形の改造

COLUMN

仙台市電

　東北随一の大都市仙台にも、市民の足として路面電車が走っていた。仙台に路面電車が開業したのは 1926（大正 15）年で、仙台駅前〜大町一丁目間、仙台駅前〜荒町間の 2 系統でスタートを切った。路線は順次延伸され、戦後は環状線、長町線、北仙台線、八幡町線、原町線と仙台駅を中心に、各方面に電車が運行されていた。

　黒字を続けてきた仙台市電だったが、自動車の普及で道路が渋滞するようになると、軌道敷へも車が割り込むようになり、定時運行がだんだん難しくなってきた。1958（昭和 33）年からは赤字に転じ、1969（昭和 44）年に、道路の渋滞が激しく利用者が減少していた北仙台線が廃止された。

　翌年にはワンマン運転化が実施されたが、乗客の減少に歯止めがきかず、1976（昭和 51）年 3 月 31 日をもって、全路線が廃止された。

環状線と長町線が分岐する中央三丁目。背後では仙台の七夕祭りが開催されている。1975 年 8 月 5 日

かつて仙台駅前にあった丸光百貨店前を通過する 117 号と 412 号　1972 年 8 月 4 日

交通局前の木町車庫。長町車庫と共に、
仙台市電のメンテナンスを担当した　1975 年 8 月 5 日

終点の長町駅前で発車を待つ 204 号　1975 年 8 月 5 日

宇都宮ライトレール

［宇都宮・芳賀ライトレール線］

概要

　栃木県・宇都宮市の軌道事業者「宇都宮ライトレール」。2023（令和5）年8月に開業したばかりの、日本で一番新しい路面電車である。北関東における軌道事業の再来は、1968（昭和43）年に廃止された東武・日光軌道線以来、実に55年ぶりのことである。完全な新規開業（軌道法に基づいて新設された路面電車）の軌道線としては、富山県の万葉線・高岡軌道線、1948（昭和23）年以来の75年ぶりである。

　宇都宮ライトレールの開業が、少子高齢化、鉄道存続問題に揺れる事業者や自治体に与えた衝撃は、とても大きいだろう。

　宇都宮ライトレール（宇都宮・芳賀ライトレール線）は、東北本線の宇都宮駅に隣接した宇都宮駅東口から芳賀・高根沢工業団地へと結ぶ14.6kmの路線である。愛称は「ライトライン」で、駅や周辺の案内板なども、この名称で統一されている。

　線路の軌間は1067mm、使用電圧は750Vで、宇都宮大学陽東キャンパスの先から鬼怒川を渡った清陵高校前までは専用軌道を走る。ただし、これは一般の軌道線における新設軌道ではなく、新設の道路として扱われている。一般道路との交差もあるが、交差部分は踏切ではなく交差点として扱われるので、警報器や遮断機はなく、信号機や音声と電光表示で、交通整理が行われる。また、線路を道路脇に寄せた区間もあるが、ここも道路の拡張部分となる。

　運賃は対距離制で、初乗り大人150円（小人80円）〜大人400円（小人200円）で、交通系ICカードも利用できる。また、開業に先行して、Suicaをベースにした宇都宮地域独自の交通系ICカード「totra（トトラ）」を導入している。

　お得な切符として観光利用に便利な1日乗車券があり、大人1000円（小人500円）。また大人券のみだが、1日乗車券と餃子券がついたセット（大人1300円）もある。ストラップのように紐で首から下げるタイプで、周りから見えるように装着する。1日券利用者は、すべてのドアから乗降ができるため、乗務員の識別のためや無賃乗車防止のためでもある。

　沿線は、宇都宮市街地を抜けて、鬼怒通りを西に向かう。宇都宮大学陽東キャンパスを過ぎると専用軌道に入り、車両基地のある平石に到着。2面4線のホームの先からは基地への線路が分岐する。

専用軌道で鬼怒川を渡る宇都宮ライトレール

勾配 60‰を走る姿は、ジェットコースターのようだ

宇都宮・芳賀ライトレール線

宇都宮駅東口 — 東宿郷 — 駅東公園前 — 峰 — 陽東3丁目 — 宇都宮大学陽東キャンパス — 平石 — 平石中央小学校前 — 飛山城跡 — 清陵高校前 — 清原地区市民センター前 — グリーンスタジアム前 — ゆいの杜西 — ゆいの杜中央

宇都宮ライトレール路線表

路線名	区間	距離	線路形態
宇都宮・芳賀ライトレール線	宇都宮駅東口〜芳賀・高根沢工業団地	14.6	複線

車両基地のある平石は2面4線の構造。写真左手に分岐していくのが基地への線路

　再び専用軌道を進み、鬼怒川を越える。鬼怒川橋梁は左岸の下平出町と、右岸は竹下町を結び、延長643mもある長い橋で、車窓からは、雄大な鬼怒川の姿を眺めることができる。川岸からは、宇都宮ライトレールの黄色の車体が青空に映えるため、写真撮影を行う人を多く見かける。

　芳賀町工業団地管理センター前〜かしの森公園前間では、谷を越えるため急坂を下り、また上る。まるでジェットコースターのような線形で、勾配は60‰もある。

　終点の芳賀・高根沢工業団地は、道路中央に1面2線のホームを有し、ラッシュ時には2本の電車が並ぶこともある。

芳賀・高根沢工業団地　かしの森公園前　芳賀町工業団地管理センター前　芳賀台　ゆいの杜東

上・専用軌道と道路が交差するが、踏切ではなく交差点とされる　中・鬼怒通りを走る HU300 形。電車線用の信号も設置されている　下・終点の芳賀・高根沢工業団地を出発する HU300 形

ライトラインに乗り、無計画でふらっとレジャーを楽しむのも良いのだが、定期券売り場や、市内公共施設に設置・配布されている無料ガイド「芳賀・宇都宮おでかけガイド LIGHTLINE OSANPO BOOK」を参考にしてみるのも良いだろう。沿線地域にある飲食店や、公園など観光スポットの案内が掲載されている。始発から終点まで 14.6㎞もあるので、これらの情報を元に出歩くほうが効率はいいだろう。

また、2024（令和 6）年 4 月 1 日春のダイヤ改正により、快速運転が開始された。朝の下り列車 2 本のみだが、通勤・通学利用者の利便性が向上した。

歴史

宇都宮市の東側（鬼怒川をまたいで右岸地域）は、自動車産業などの工業団地があり、近隣に鉄道駅がないことから、駅からのアクセスはもっぱら送迎バスや、路線バスなどの移動に頼りがちであった。

幹線道路に至っては、工場への搬入発送を請け負う貨物車両も加わり、慢性的な渋滞が社会問題化されていた。このことから問題解決として、宇都宮市を東西に移動できる新交通システムの構想が生まれ、2001（平成 13）年 4 月に新交通システムの検討委員会によって、JR 宇都宮駅を起点とした「ライトレール（LRT）」を導入する方針で決定した。

その後、ルート選定のため沿線住民との話し合いも進められた。2015（平成 27）年 11 月 9 日に宇都宮ライトレール株式会社が設立。2018（平成 30）年 5 月 28 日には優先整備区間（宇都宮駅東口～芳賀・高根沢工業団地）の工事が始

宇都宮駅東口を発車するHU300形。後方がJR宇都宮駅

まり、約5年の年月をかけて、2023（令和5）年8月26日に開業を果たした。

　翌日の8月27日からは通常ダイヤでの運行を開始したが、日曜日だったことも加わり、爆発的な人気ぶりを発揮し、宇都宮駅東口を発車する電車は、つねに満員状態で出発していくことが多かった。

　同社は、1年目の1日平均需要予測を平日12800人、休日は4400人と出していたが、27日だけでも、予想をはるかに上回る約19000人の需要があり、列車の遅延やホーム上の混雑ぶりは、予想できなかったほどだという。

　それ以降も好調な利用状況が続き、開業からたった82日（11月15日）には、100万人を突破した。現在でも、利用者数はうなぎのぼりで周辺住民の重要な交通機関として、定着しつつある。

　今後は、2030年代を目標に宇都宮駅西側（宇都宮駅東口〜宇都宮駅西口〜栃木県教育会館前）への延伸を計画している。在来線と新幹線の線路を交わす必要があるため、どのような形で建設されていくのかが楽しみなところである。

現役車両

　開業にあたって導入されたのは、HU300形。形式名称の由来は、「芳賀町のH」と「宇都宮のU」のイニシャルを意味し、「300」は3連接車体という意味である。

　車両は超低床タイプのLRV車両で、外観はスマートな形状だ。先頭部付近は、スピード感を感じる傾斜したデザインで、ライトラインの愛称の意味である「雷都（LIGHT）」と「道筋・つながり（LINE）」のメッセージを込めた「未来への光の道筋」

を表している。

　車両の軌間を1067mmにしたのは、将来的に既存の鉄道（JRなど）への乗り入れを考慮したところからである。超低床で高さは3625mmと低いが、車体の長さは29.52m。これは軌道法の限界である30mに迫る大きさで、路面電車の車両の中でも大型の部類に入る。

　なお、先頭部のカバーを開けると、非常用に他車両と連結できる仕組みとなっており、車両が動けなくなった時に使用できるようになっている。

　設計上の最高速度は70km/hだが、軌道法上の最高速度は40kmまでの運行のため、速度を抑えて運行されている。

　現在は17編成が運用に就いており、今後延伸や輸送増強などが計画された場合は、車両が増備される可能性が高いだろう。

スピード感あふれるHU300形

宇都宮ライトレール　ライトライン車両基地　車両一覧（現役の車両一覧）

形式	番号	車両基地納入日	製造所	駆動方式	制御方式	車体形状	備考
HU300	HU301-ACB	2021/5/27	新潟トランシス	カルダン	VVVFインバータ制御	3車体連接	
	HU302-ACB	2021/8/2	新潟トランシス	カルダン	VVVFインバータ制御	3車体連接	
	HU303-ACB	2021/8/4	新潟トランシス	カルダン	VVVFインバータ制御	3車体連接	
	HU304-ACB	2021/9/30	新潟トランシス	カルダン	VVVFインバータ制御	3車体連接	
	HU305-ACB	2021/11/30	新潟トランシス	カルダン	VVVFインバータ制御	3車体連接	
	HU306-ACB	2021/12/2	新潟トランシス	カルダン	VVVFインバータ制御	3車体連接	
	HU307-ACB	2022/1/20	新潟トランシス	カルダン	VVVFインバータ制御	3車体連接	
	HU308-ACB	2022/1/24	新潟トランシス	カルダン	VVVFインバータ制御	3車体連接	
	HU309-ACB	2022/2/14	新潟トランシス	カルダン	VVVFインバータ制御	3車体連接	
	HU310-ACB	2022/2/3	新潟トランシス	カルダン	VVVFインバータ制御	3車体連接	
	HU311-ACB	2022/3/22	新潟トランシス	カルダン	VVVFインバータ制御	3車体連接	
	HU312-ACB	2022/4/25	新潟トランシス	カルダン	VVVFインバータ制御	3車体連接	
	HU313-ACB	2022/5/25	新潟トランシス	カルダン	VVVFインバータ制御	3車体連接	
	HU314-ACB	2022/5/27	新潟トランシス	カルダン	VVVFインバータ制御	3車体連接	
	HU315-ACB	2022/6/13	新潟トランシス	カルダン	VVVFインバータ制御	3車体連接	
	HU316-ACB	2022/6/24	新潟トランシス	カルダン	VVVFインバータ制御	3車体連接	
	HU317-ACB	2022/6/28	新潟トランシス	カルダン	VVVFインバータ制御	3車体連接	

※製造年データ資料　宇都宮市提供

東京都交通局・都電荒川線
［東京さくらトラム］

概要

　都電荒川線は、東京都が運営する東京都交通局（公営）による軌道線、路面電車である。荒川区の三ノ輪橋停留場からJR王子駅、JR大塚駅を経由し、早稲田停留場へと至る全長12.2㎞を結ぶ路線である。

　軌間は1372㎜、使用電圧は600V。この軌間は馬車軌道と同じでサイズで、都電のルーツとも言える軌間である。

　運賃は大人170円（小人90円）、各種交通系ICカードが利用可能で、1日に何回も乗り降りが可能な「都電1日乗車券」大人400円（小人200円）や、都営地下鉄、都営バスも含めた1日乗車券「都営まるごときっぷ」大人700円（小人350円）や、さらには東京メトロ、JR東日本の都区内路線も含めた「東京フリーきっぷ」大人1600円（小人800円）など、お得な乗車券については種類が多い。都電は観光需要にも重要な役割を果

王子駅前〜飛鳥山間の併用軌道を走る8900形

都電の車両基地「荒川車庫」

たしていることがわかる。

　運賃が均一となっているため、乗車の際は運転手がいる前から乗車し、後ろの扉から降車する前乗り後降り方式となっている。

　沿線は、東京の下町と呼ばれる地域を走るので、家屋との距離が近い。また、熊野前付近では東京スカイツリーと都電を一緒に撮影できるスポットがある。個人的な見どころとして、王子駅前停留場から飛鳥山停留場にかけては、飛鳥山公園を回り込むように併用軌道が敷設されており、66.7‰（1km進むごとに66.7mの高低差）の最急勾配を進んで行く勇姿が見られる。この区間においても、春には桜を鑑賞できるスポットとしても、おすすめの風景である。

さらには学習院下停留場〜面影橋停留場付近で、サンシャイン60も望むことが

でき、さまざまな名所を堪能することができる。土休日には観光利用が多いことから、臨時電車もアクティブに運行され、機動力の高さもうかがい知れる。

　また、都電の車両を貸し切ることも可能だ。1行程（1乗車）、一般1万3820円と個人負担としてもリーズナブルな価格であろう。（都電の貸し切り運賃は時間制ではなく、片道の運行1回毎の運賃。）

　運行は、始発が6時前位から終電23時頃まで、10時〜15時位までの日中時間帯は、6分〜7分ヘッドで運行されている。

歴史

　都電は正式には「東京都電車」というが、文字通り東京都が運営する事業の一環で、そのルーツは、1882（明治15）

都電荒川線

早稲田 — 面影橋 — 学習院下 — 鬼子母神前 — 都電雑司ヶ谷 — 東池袋四丁目 — 向原 — 大塚駅前 — 巣鴨新田 — 庚申塚 — 新庚申塚 — 西ヶ原四丁目 — 滝野川一丁目 — 飛鳥山 — 王子駅前 — 栄町

三ノ輪橋 — 荒川一中前 — 荒川区役所前 — 荒川二丁目 — 荒川七丁目 — 町屋駅前 — 町屋二丁目 — 東尾久三丁目 — 熊野前 — 宮ノ前 — 小台 — 荒川遊園地前 — 荒川車庫前 — 梶原 — 栄町

東京都交通局　都電荒川線路線表

路線名	区間	距離	線路形態
三河島線	三ノ輪橋～熊野前	3km	複線
荒川線	熊野前～王子駅前	3km	複線
滝野川線	王子駅前～大塚駅前	2.9km	複線
早稲田線	大塚駅前～早稲田	3.3km	複線

年頃に開業した東京馬車鉄道まで遡る。

　のちに動力化が始まり、1903（明治36）年8月22日に、品川～新橋間が電化開業し、東京電車鉄道、東京市街鉄道、東京電気鉄道の3社によって路面電車が建設された。その後、3社が合併し東京鉄道となり、1911（明治44）年には東京市が同社を買収、「東京市電」の誕生となった。

　その後、さまざまな路線を建設・統合し、都電と呼ばれるようになったのは、1943（昭和18）年7月1日の東京都制施行、東京都交通局の誕生からだ。高度経済成長期には、最大で41系統もの路線を有し、営業キロは約213kmと、国内で最大の路面電車網を確立させた。

　しかし、昭和30年代後半から自動車の普及が勢いを増し、都電の軌道内に自動車の乗り入れが許可され、定時運行が

急勾配やS字カーブが続く大塚駅前～向原間

難しくなっていった。しかも、1967（昭和42）年に財政再建団体として東京都交通局が指定を受け、都電が次々と廃止されることになった。

　最終的には、1972（昭和47）年11月12日錦糸町駅前～日本橋間などの7線区が廃止された際に、現在の荒川線を残したが、201kmもの路線網が消滅してしまった。

　なぜ、荒川線だけが廃止を免れたのかと言うと、三ノ輪橋～早稲田間は、ほぼ専用軌道（自動車の乗り入れのない）区間であったこと。それゆえに、路線バスへの転換が難しかったことが挙げられる。

　そもそも荒川線は、王子電気軌道という私鉄路線であった。1911（明治44）年に大塚～飛鳥山間が開業し、当時は電力事業も行っていて、沿線の町に電気の供給を行っていたが、1942（昭和17）年に電力事業を関東配電に、軌道事業は東京市に引き継がれて、王子電気軌道は消滅した。

　だが、王子電気軌道本社の建物は現在も残っており、三ノ輪橋にある「梅沢写真会館」が、それである。今でこそ写真館と業種が変わっているが、そのモダンな建物は、当時の面影そのままだと言われている。

　都電荒川線自体は東京市電ではなく、私鉄路線だった、という、特異な経緯である。そのため、専用軌道区間が多かったことで残された、東京で唯一の併用軌道をも走る路面電車としても人気が高

上・スカイツリーが見える荒川区役所前
下・最古参となった 8500 形

い。

　2017（平成29）年4月28日には、利用促進と沿線活性化のために「東京さくらトラム」という愛称が付けられている。

現役車両

　長らく都電荒川線の顔として運行されてきた7000形の車体に、新形式の機器や台車を交換し、2016（平成28）年より運行を開始したのが、「7700形」であ

る。京王重機整備で大規模な改造が行われた。

外観は 7000 形の面影を強く残しつつも、制御装置を抵抗制御から VVF インバーター制御に更新し、ブレーキ装置なども電気指令式の最新のものに交換された。

外観の塗装は、レトロ調を意識した配色が施され、ベース色はみどり色やあお色、えんじ色などのバリエーションがある。同形式は現在 8 両が運行されている。

8500 形は、1990（平成 2）年〜 1993（平成 5）年にかけて 5 両製造された車両で、現在は同路線でオリジナル車両としては最古参の形式になってしまった。しかしながら、その性能は最新車両と比べても遜色が無く、当時旧型車両ばかりだった同路線にとっては、待望の新型車両であった。

都電としては初めての VVF インバーター制御を採用し、車体外観も窓が大きく、カラーリングも清潔感のあるパールホワイトをベースに緑帯が入るなど、都電荒川線の活性化とイメージアップに貢献した車両である。

なお、最初に導入された 8501 号車は、試作要素が強く、以降に製造された車両に比べて、灯火類の配置など若干の仕様が異なっている。

2007（平成 19）年と 2008（平成 20）年には、9000 形が 1 両ずつ登場している。この車両は昭和初期の東京市電をイメージした、レトロ調車体の姿をしてい

て、前照灯は 1 灯（運転席窓の左右上部に補助灯有り）、屋根もダブルルーフのような装飾が施されている。

通常の営業運転に使用することもあるが、イベントなどでも活躍している。車内もレトロなイメージで、木目調の化粧板、床はフローリングを採用するなど、凝ったデザインがおしゃれである。9001 号車の塗色は、上部がクリーム、下部がエンジ、9002 号車はクリーム、下部がブルーのツートンカラーに塗り分けられている。

8800 形は、2009（平成 21）年に登場した新型車両で、床下機器関係は 9000 形に準じたものになっているが、車体は現代風のものに変更されている。丸みを帯びた親しみやすいデザイン、カラーリングは、側面は白をベースに、ローズレッド、バイオレット、オレンジ、イエローと、車両毎に、前面と側面上下にラインで表現されており、全部で 10 両製造されている。

8900 形は、2015（平成 27）年に、旧型の 7000 形を置き換えるために導入された最新形式の車両だが、性能は基本的に 8800 形に準じている。カラーリングは、オレンジ、ブルー、ローズピンク、イエローの展開となっている。8800 形と異なる点は、車体の形状がやや直線的になっていることや、乗務員の環境の改善などが挙げられる。運転台の脇の視界を広くすることで安全性の向上を図り、スイッチ類の配置なども見直している。

7000 形を改造して誕生した 7700 形

丸みを帯びたスタイルの 8800 形

東京都交通局　都電荒川線　荒川車両検修所　車両一覧（現役の車両一覧）

形式	番号	製造年	製造所	駆動方式	制御方式	車体形状	備考
8500	8501	1990	アルナ工機	カルダン	VVVF	ボギー	
	8502	1992	アルナ工機	カルダン	VVVF	ボギー	
	8503	1992	アルナ工機	カルダン	VVVF	ボギー	
	8504	1993	アルナ工機	カルダン	VVVF	ボギー	
	8505	1993	アルナ工機	カルダン	VVVF	ボギー	
9000	9001	2007	アルナ車両	カルダン	VVVF	ボギー	
	9002	2008	アルナ車両	カルダン	VVVF	ボギー	
8800	8801	2008	アルナ車両	カルダン	VVVF	ボギー	ローズレッド
	8802	2008	アルナ車両	カルダン	VVVF	ボギー	ローズレッド
	8803	2009	アルナ車両	カルダン	VVVF	ボギー	ローズレッド
	8804	2009	アルナ車両	カルダン	VVVF	ボギー	ローズレッド
	8805	2009	アルナ車両	カルダン	VVVF	ボギー	ローズレッド
	8806	2010	アルナ車両	カルダン	VVVF	ボギー	バイオレット
	8807	2010	アルナ車両	カルダン	VVVF	ボギー	バイオレット
	8808	2010	アルナ車両	カルダン	VVVF	ボギー	オレンジ
	8809	2010	アルナ車両	カルダン	VVVF	ボギー	オレンジ
	8810	2010	アルナ車両	カルダン	VVVF	ボギー	イエロー
8900	8901	2015	アルナ車両	カルダン	VVVF	ボギー	オレンジ
	8902	2015	アルナ車両	カルダン	VVVF	ボギー	オレンジ
	8903	2015	アルナ車両	カルダン	VVVF	ボギー	ブルー
	8904	2015	アルナ車両	カルダン	VVVF	ボギー	ブルー
	8905	2016	アルナ車両	カルダン	VVVF	ボギー	ローズピンク
	8906	2016	アルナ車両	カルダン	VVVF	ボギー	ローズピンク
	8907	2016	アルナ車両	カルダン	VVVF	ボギー	イエロー
	8908	2016	アルナ車両	カルダン	VVVF	ボギー	イエロー
7700	7701	2016	京王重機	カルダン	VVVF	ボギー	7007 号の改造
	7702	2016	京王重機	カルダン	VVVF	ボギー	7026 号の改造
	7703	2016	京王重機	カルダン	VVVF	ボギー	7031 号の改造
	7704	2016	京王重機	カルダン	VVVF	ボギー	7015 号の改造
	7705	2016	京王重機	カルダン	VVVF	ボギー	7018 号の改造
	7706	2016	京王重機	カルダン	VVVF	ボギー	7024 号の改造
	7707	2017	京王重機	カルダン	VVVF	ボギー	7010 号の改造
	7708	2017	京王重機	カルダン	VVVF	ボギー	7005 号の改造

下高井戸駅を出発した300系。301編成は玉電色を纏う　松原〜下高井戸

東急世田谷線

概要

　世田谷線は東京都世田谷区の三軒茶屋から下高井戸を結んでおり、東急電鉄唯一の軌道線路面電車である。全線が新設軌道として運行されており、路面電車特有の併用軌道区間がないのが特徴だ。元々は、1907（明治40）年開業の玉川電気鉄道（玉電）という路面電車の支線、1925（大正14）年に開業した下高井戸線が前身となる。

　沿線には、招き猫発祥の地として有名な「豪徳寺」、学問の神様・吉田松陰を祀る「松陰神社」、年に2回行われる伝統行事で、約700店もの露店が連なる「世田谷のボロ市」なども見られ、地元の足としてはもちろんのこと、観光客の利用も多い。

　運行距離は、三軒茶屋〜下高井戸間の5km（所要時間約17分）と、かなりコンパクトな路線であり、三軒茶屋駅前からは、日中約6分程度の間隔で運行する形態をとっている。軌間は1372㎜で使用電圧は600V。

　運賃は全区間均一制で、大人160円（小人80円）。交通系ICカードも同額で利用できる。沿線観光に便利な1日乗車券の「世田谷線散策きっぷ」は、大人380

円（小人 190 円）で販売されている。
乗り降りは、進行方向一番前、または一番後の扉から乗る方式（早朝・夜間時間帯、三軒茶屋駅と下高井戸駅を除く各駅では、一番前のドアのみ）で、中ほど 2 箇所のドアが、出口である。運賃は先払いで、乗車時に運賃箱へ支払う。（交通系 IC カードも利用可能）

　世田谷線の沿線には、名所・旧跡が点在している。先にも紹介した「豪徳寺」、「松陰神社」、さらに梅林で有名な「羽根木公園」、歴史深い「太子堂八幡神社」、世田谷のランドマークとなっている「キャロットタワー」など。短い路線ながら、見どころは多い。

　三軒茶屋駅付近の車窓からは、そびえ立つキャロットタワーの姿が眺められるうえ、キャロットタワーの 26 階展望ロビーからも、小さく見える世田谷線の線路と、色とりどりの電車の姿が楽しめる。また沿線の宮の坂駅には、江ノ島電鉄の 600 形・601 号が保存展示されている。かつて世田谷線で活躍した 80 形・デハ 87 号で、江ノ電で廃車後に、ゆかりのあるこの地に里帰りした。車内も開放されており、本物のレトロを楽しめる。

　世田谷線で見られる貴重な光景として、特におすすめなのが若林踏切（西太子堂～若林間）だ。環七通りと平面交差している若林踏切は、正式名称は「西太子堂 5 号踏切」と言い、電車が信号待ちをする面白い光景が見られる。

　この踏切は遮断機も警報器もない。電車は車と同じように、信号が青になったら通過、赤になれば停車する仕組みである。道路側と信号が同期し、運行が制御されているのだ。

環七通りと交差する若林踏切を通過する 300 系　西太子堂～若林

東急世田谷線

下高井戸　松原　山下　宮の坂　上町　世田谷　松陰神社前　若林　西太子堂　三軒茶屋

東急世田谷線路線表

路線名	区間	距離	線路形態
世田谷線	三軒茶屋〜下高井戸	5.0km	複線

左・閑静な住宅街を走る沿線は季節の草花が見られる　松原〜下高井戸
右・世田谷線は全線専用軌道を走るため踏切も多い　松原〜下高井戸

三軒茶屋のキャロットタワー展望台からは街並みの中を走る電車のほか富士山も望める

306 号は幸せの黄色い電車として親しまれている

歴史

　東急世田谷線の始まりは、玉川電気鉄道（以下、玉電）が、1907（明治40）年3月に開業したことに遡る。まず道玄坂上〜三軒茶屋間が開通し、4月に三軒茶屋〜玉川（現在の二子玉川）間まで延長した。さらに同年8月には、道玄坂上から渋谷まで延長し、玉川〜渋谷までの全線開通となった。

　当初玉電は、多摩川の砂利輸送を主な目的としており「ジャリ電」とも呼ばれ、親しまれていた。開業後は、電力供給事業や住宅地の分譲など、沿線の開発に力を入れ、旅客誘致のために、プールの開設や遊園地など、行楽地としての開発も行った。

　1924（大正13）年に、玉川〜砧間の砧線、

1925（大正14）年には三軒茶屋〜下高井戸間（現在の世田谷線）、1927（昭和2）年に玉川〜溝ノ口間を開業、着々と路線を延ばし、1938（昭和13）年には、東京横浜電鉄（現在の東急電鉄）に合併された。

　玉電は地域の足として活躍していたが、昭和30年代後半頃になると、高度経済成長期による自動車の台数が増加、慢性的な渋滞によって、定時運行が困難になっていた。ゆっくりしか走れないノロノロ運転と言われ、「ジャマ電」とまで揶揄されてしまった。

　そして、1969（昭和44）年5月、首都高速3号線建設にともない、玉川線と砧線が廃止となった。開業以来、63年にわたる歴史に幕を閉じた。

　その際に、道路上を走る併用軌道区間

が無くなり、新設軌道区間を走る三軒茶屋〜下高井戸間のみが残った。名称も世田谷線となり、現在も世田谷区民の身近な足として愛されている。

　最近では、2019（平成31）年3月25日より、水力および地熱のみで発電する再生可能エネルギー100%による運転を行っている。この取り組みは、東急電鉄、東北電力、東急パワーサプライの3社合同によるもので、都市型・鉄軌道線において、日本初の再生可能エネルギー100%の電力で通年・全列車の運行を担っており、「日本初の二酸化炭素排出量ゼロの都市型通勤電車」として、注目を集めている。

現役車両

　現在世田谷線を走る車両は、低床式の300系のみで、連節車体の2両編成で運行されている。合計10編成が導入されていて、車体のデザインは同じながら、編成ごとにカラーを変えているため、カラフルな塗装でバラエティー豊かである。

　中でも308編成は、「幸福の招き猫電車」として、沿線の「豪徳寺」と手を組み、豪徳寺の招き猫をデザインした車体ラッピングに、招き猫型の吊り手、床面には、猫の足跡があるなど、遊び心に溢れた電車である。

　300系は1999（平成11）年に登場、

「幸福の招き猫電車」となった308号

SDGsトレインの307号

2001（平成13）年までに出揃った。
300系の特徴はVVVFインバータ制御の
セミステンレス車体、冷房化100%化が
挙げられる。2車体のA車（下高井戸方）
と、B車（三軒茶屋方）を、連節台車で
つないでいる。また、300系の車両増備
途中から、ホームの嵩上げが実施されて
おり、バリアフリー化も達成された。

チェリーレッドの305編成

東急電鉄世田谷線　雪が谷検車区上町班　車両一覧（現役の車両一覧）

形式	番号	製造年	製造所	駆動方式	制御方式	車体形状	備考
300系	301A-B	1999	東急車輌	カルダン	VVVF	2車体連接	旧玉電塗装
	302A-B	2000	東急車輌	カルダン	VVVF	2車体連接	モーニングブルー
	303A-B	2000	東急車輌	カルダン	VVVF	2車体連接	クラシックブルー
	304A-B	2000	東急車輌	カルダン	VVVF	2車体連接	アップルグリーン
	305A-B	2000	東急車輌	カルダン	VVVF	2車体連接	チェリーレッド
	306A-B	2000	東急車輌	カルダン	VVVF	2車体連接	レリーフイエロー
	307A-B	2001	東急車輌	カルダン	VVVF	2車体連接	ブルーイッシュラベンダー
	308A-B	2001	東急車輌	カルダン	VVVF	2車体連接	幸福の招き猫電車
	309A-B	2001	東急車輌	カルダン	VVVF	2車体連接	バーントオレンジ
	310A-B	2001	東急車輌	カルダン	VVVF	2車体連接	ターコイズグリーン

横浜市電

　横浜に路面電車が登場したのは、1904（明治34）年のことで、横浜電気鉄道により神奈川〜大江橋間が開業した。その後、路線を拡大していったが、日露戦争後は経営が悪化し、1921（大正10）年に横浜市電気局に引き継がれた。

　市電に移行後も路線の新設が続けられ、1956（昭和31）年の井土ヶ谷線が最後の開通路線となり、20路線13系統（このほかに平日や休日のみ4系統）が、市内を行きかう最盛期を迎えた。その距離は東海道本線の東京〜藤沢間に匹敵する51.79kmにも及んだ。

　路線網が充実しても相変わらず財政は厳しく、1964（昭和39）年の国鉄根岸線桜木町〜根岸間の開通による乗客離れも影響し、1966（昭和41）年から路線の廃止と縮小が開始された。

　1972（昭和47）年3月31日、最後に残った日の出町線、本町線、羽衣町線、久保山線、花園橋線、磯子線の最終運行が行われ、4月1日付で横浜市電は廃止された。

桜木町駅前の1156号。右に曲がった線路は大岡川を渡る　1972年3月25日

堀割川沿いを走る 1516 号　滝頭　1972 年 3 月 25 日

現在、久良岐公園に保存されている 1156 号の現役時代の姿　滝頭　1972 年 3 月 25 日

戦前はクロスシートを配置し、「ロマンスカー」と呼ばれた 1100 形。
写真の 1104 号は横浜市電保存館で保存されている　滝頭　1972 年 3 月 25 日

豊橋鉄道・東田本線

あずまだ

概要

　愛知県の豊橋市内を運行する豊橋鉄道の軌道路線で、市内線とも呼ばれている。2024（平成6）年現在、中京地区では唯一の軌道線・路面電車を運行する軌道経営者となっている。

　路線は、東海道新幹線が停車する豊橋駅前〜赤岩口までと、途中の井原から分岐して、運動公園前までを結ぶ合計5.4kmで、軌間は1067mm、使用電圧は600Vを使用する。

　運行距離は短いが、駅前の歓楽街を運行するため、朝夕の通勤通学以外の昼間も買い物客の利用が多い。運賃は全線均一で、大人200（小人100）円、1日乗車券は大人550（小人280）円で販売されている。また豊橋鉄道の鉄道線（渥美線）を加えた、「豊橋まちなかおでかけきっぷ（モバイル専用）」や、東田本線、渥美線、それにバス路線も乗車可能な「いこまい豊橋1日フリー乗車券」大人

架線柱がセンターポール化された豊橋駅前

停車場を歩道橋が覆う豊橋駅前

1100円(小人550円)円も販売している。交通系ICカードも各種利用が可能である。

　乗車方法は前乗り、中降り方式。運賃は乗車した際に、正面にある運賃箱に支払う。駅前から発車する電車は、赤岩口行きと運動公園行きが交互に運行されており、運行間隔はそれぞれ、日中15分ヘッドのためわかりやすい。

　ランドマーク的な観光名所はないが、運動公園前方向と、赤岩口方向に分岐する井原付近の分岐では、運動公園前方向に向かうときに半径11mの急曲線になっており、このカーブは、日本一急なカーブ「井原の急カーブ」として有名である。

　急カーブを曲がる電車は、台車枠が車体からはみ出るほどで、鉄道ファンがここを訪れ、写真撮影することも多い。また前畑付近の軌道は石畳になっていて、

東田坂上まで、同線唯一の坂を上っていく。標高差は約20mで、趣のある撮影スポットとなっている。

　また、東田本線では毎年様々なイベント電車が運行されており、中でも夏季に登場する「納涼ビール電車」や、冬季に開催される電車内でおでんが味わえる「おでんしゃ」は好評で、同路線の名物となっている。

歴史

　豊橋の軌道線の始まりは、豊橋電気軌道によって1925（大正14）年に駅前～

豊橋鉄道東田本線系統表

路線名	区間
東田本線	駅前～赤岩口
	駅前～運動公園前

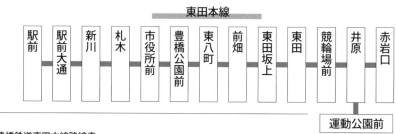

豊橋鉄道東田本線路線表

路線名	区間	距離	線路形態
東田本線	駅前〜赤岩口	4.8km	駅前〜競輪場前間複線　競輪場前〜赤岩口間単線
東田本線	井原〜運動公園前	0.6km	単線

札木十字路間、神明〜柳生橋間が開業したことによる。豊橋市民は親しみを込めて「市内電車」「市電」などと呼んでおり、豊橋市民にとって、重要な足として親しまれている。

　開業当時運行されたのは1形と呼ばれた木造単車で、マルーンで塗られた外装は、「豪華な雰囲気が漂っていた」と言われている。同年7月21日に、札木十字路〜赤門前（現東八町）間、さらに12月25日には、赤門前〜東田間が延伸開業した。

　1945（昭和20）年6月20日には、第二次世界大戦中の豊橋空襲によって、大きな被害が出てしまい、全線不通となってしまったが、1年ほどかけて徐々に復旧を果たしている。

　1949（昭和24）年9月1日には、豊橋電気軌道から豊橋交通に社名を変更した。

　その後、複線化で輸送力を強化させ、延伸開業を繰り返した。高度経済成長期に入った後も、街とともに成長を続けてきた。1954（昭和29）年7月22日、社名を再び変更し、現在の運営名称である

「豊橋鉄道」を名乗るようになった。

　今の東田本線が赤岩口まで開業したのは、1960（昭和35）年6月1日。支線部分である井原〜運動公園前が開業したのは、1982（昭和57）年7月31日。現在の営業形態の基礎となった。ちなみに軌道線の延伸開業は、1968（昭和43）年に開業した長崎電気軌道の延伸開業以来のことで、実に14年ぶりのことであった。

　現在、豊橋鉄道は東田本線の他に、鉄道線である「渥美線」や路線バスの運行も行っており、豊橋市民にとって、なくてはならない移動手段となっている。

現役車両

　現在、最新型のLRV（超低床電車）T1000形以外は、全て他社から譲り受けた車両が使用されている。1976（昭和51）年と1981（昭和56）年に、名鉄岐阜市内線・美濃町線から譲渡されてきたのがモ3200形。当初は3両活躍していたが、現在はイベント用としてモ3203のみが健在。

イベント用として残るモ 3203

モ 3500 形は元東京都 7000 形

名鉄からやってきたモ 780 形

部分低床車のモ 800 形

　モ 3500 形は、東京都交通局（都電荒
川線）で活躍していた 7000 形で、1992
（平成 4）年と 1999（平成 11）年に 4
両譲渡された。この車両は、軌間を変更
する（都電：1372mm から豊鉄：1067mm）
ために、大掛かりな改造が行われた。
　モ 780 形は、2005（平成 17）年に譲
渡された車両で、モ 3200 形と同様に、
名鉄岐阜市内線・揖斐線で活躍していた
車両。東田本線では、主力車の位置付け
である。
　モ 800 形も名鉄岐阜市内線・美濃町線・
田神線で使用されていた車両だが、車内
の中心部のみが低床で作られ、レール面
からの高さが 42cm となっており、両端
に向かってスロープのように、床面が高
くなる特殊な構造である。東海地区では、
初めての低床電車となった。名鉄から

はモ 801 が直接譲渡・入線したが、モ
802・803 は一度福井鉄道に渡り、その
後豊橋鉄道に再譲渡された。
　2008（平成 20）年に登場した T1000
形は、3 連節車体の超低床電車である。
モ 800 形に比べて、フルフラットなタ
イプの低床電車である。現役車両の中で
は唯一、豊橋鉄道が自社発注した車両で、
「ほっトラム」の愛称が付いている。また、
狭軌の路面電車で初の純国産技術による
全面低床化を実現し、誕生したことが評
価され、鉄道友の会からローレル賞を受
賞している。なお、連節車体構造のため、
T1000 形は「井原の急カーブ」11m を曲
がることが出来ない。運用は豊橋駅前か
ら赤岩口間の運行のみで、運動公園前方
向には乗り入れることが出来ない。
　超低床電車と言うだけあり、乗降口

「ほっトラム」の愛称のある 3 車体連接の T1000 形

の高さは 35cm とかなり低い。現在、
T1000 形は 1 編成のみで運行されてお
り、今後旧型車の置き換えでは、こういっ
た超低床電車の導入が求められている。

半径 11m の急曲線、日本一急な「井原の急カーブ」

豊橋鉄道東田本線　赤岩口車両区　車両一覧（現役の車両一覧）

形式	番号	製造年	製造所	駆動方式	制御方式	車体形状	備考
モ 3200	3203	1955（1981 年入線）	日本車輌	吊り掛け	抵抗	ボギー	元名鉄モ 582
モ 3500	3501	1977（1992 年入線）	アルナ工機	吊り掛け	抵抗	ボギー	元東京都 7009
	3502	1977（1992 年入線）	アルナ工機	吊り掛け	抵抗	ボギー	元東京都 7028
	3503	1977（2000 年入線）	アルナ工機	吊り掛け	抵抗	ボギー	元東京都 7017
	3504	1977（2000 年入線）	アルナ工機	吊り掛け	抵抗	ボギー	元東京都 7021
モ 780	781	1997（2005 年入線）	日本車輌	カルダン	VVVF	ボギー	元名鉄モ 781
	782	1997（2005 年入線）	日本車輌	カルダン	VVVF	ボギー	元名鉄モ 782
	783	1997（2005 年入線）	日本車輌	カルダン	VVVF	ボギー	元名鉄モ 783
	784	1997（2005 年入線）	日本車輌	カルダン	VVVF	ボギー	元名鉄モ 784
	785	1998（2005 年入線）	日本車輌	カルダン	VVVF	ボギー	元名鉄モ 785
	786	1998（2005 年入線）	日本車輌	カルダン	VVVF	ボギー	元名鉄モ 786
	787	1998（2005 年入線）	日本車輌	カルダン	VVVF	ボギー	元名鉄モ 787
モ 800	801	2000（2005 年入線）	日本車輌	カルダン	VVVF	ボギー	元名鉄モ 801
	802	2000（2019 年入線）	日本車輌	カルダン	VVVF	ボギー	元名鉄モ 802
	803	2000（2020 年入線）	日本車輌	カルダン	VVVF	ボギー	元名鉄モ 803
T1000	T1001	2008	アルナ車両	カルダン	VVVF	3 車体連接	愛称「ほっトラム」

富山地方鉄道

概要

　富山地方鉄道は、北陸地方で最大の私鉄事業者である。鉄道線と軌道線を保有し、総延長 108.3kmに及ぶ。地方私鉄としては、とても大きな営業エリアを持つ。

　軌道線（以下、市内電車）においては、呉羽線、安野屋線、富山都心線、支線、本線と、JR 線を LRT 化した富山港線（軌道・鉄道）を有している。

　運転系統は 6 つ。南富山駅前〜富山駅を結ぶ 1 番系統。南富山駅前〜富山大学前を結ぶ 2 番系統、富山駅〜富山都心線経由で富山駅に戻る環状線は 3 番系統、富山港線の岩瀬浜〜富山駅を経由し、南富山駅前を結ぶ 4 番系統、岩瀬浜〜富山大学前を結ぶ 5 番系統、岩瀬浜〜富山都心線経由で、岩瀬浜に戻る 6 番系統がある。市内電車の使用電圧は 600V、軌間は 1067mm。

　岩瀬浜〜富山駅間を含めて、市内電車の運賃は全区間均一制運賃で、大人 210 円（小人 110 円）、交通系 IC カードが利用可能である。地鉄バスと一緒になった「市内電車・バス 1 日ふりーきっぷ」が発売されていて、大人 650 円（小人 330 円）。乗車する年月日をコインなどで削って表示する（いわゆるスクラッチタイプ）、さらに市内電車と鉄道線が、1 日フリー乗車となる「鉄道線・市内電車 1

日フリーきっぷ」が、大人 2600 円、小人 1300 円（自由席特急料金含む）で発売されている。ほかにも、2 日間使用できるフリーきっぷも通年同じ値段で、大人 4600 円、小人 2300 円で発売されている。

　また、市内電車は貸し切り運行についても受付を行っており、富山駅を起点として、1 運行 1 万 6000 円（税別）で貸し切ることができる。

　乗降の仕方は「後乗り前降り方式」で、IC カードの利用も乗車時にタッチする必要はなく、降車時に運賃箱のカードリーダーで行う方式をとっている。

　しかし、「ecomyca（えこまいか）」や「passca（パスカ）」と「他の交通系 IC カード」とは、カードリーダーの設置位置が異なるので、事前に確認することをお勧めする。また市内電車は、様々な系統が運行されているので、乗車前に必ず、行き先の系統表示を確認してから、乗車していただきたい。

　富山港線の蓮町と岩瀬浜では、フィーダーバス（富山港線の駅に接続する路線バスで、市内電車の運行時刻に合わせて運行している。）が運行されており、非常に便利である。

　沿線は、環状線の国際会議場前からすぐの所に、富山城で有名な「富山城址公園」があり、天守閣の中は、郷土博物館

北陸新幹線の富山駅を背後に出発する 8000 形

富山駅直下に停留所が設置され、南北の路線が繋がった

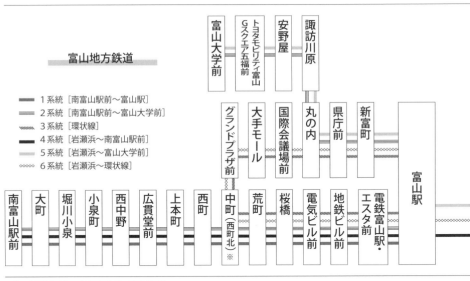

富山地方鉄道

▬▬ 1系統 [南富山駅前～富山駅]
▬▬ 2系統 [南富山駅前～富山大学前]
〰〰 3系統 [環状線]
▬▬ 4系統 [岩瀬浜～南富山駅前]
〓〓 5系統 [岩瀬浜～富山大学前]
◇◇◇ 6系統 [岩瀬浜～環状線]

富山大学前
トヨタモビリティ富山 Gスクエア五福前
安野屋
諏訪川原

グランドプラザ前
大手モール
国際会議場前
丸の内
県庁前
新富町

南富山駅前
大町
堀川小泉
小泉町
西中野
広貫堂前
上本町
西町
中町（西町北）※
荒町
桜橋
電気ビル前
地鉄ビル前
電鉄富山駅・エスタ前
電鉄富山駅
富山駅

※ホームは片側のみ。南富山駅方面の電車は通過

左・環状線からは富山城址公園の天守閣が見られる　右・富山駅～奥田中学校前の併用軌道を走る富山港線

左・富山港線は奥田中学校～岩瀬浜間が鉄道線となる。岩瀬運河を渡る0600形　右・2010年に導入されたT100形 SANTRAM

富山地方鉄道 富山軌道線路線表

路線名	区間	距離	線路形態
本線	南富山駅前～電鉄富山駅・エスタ前	3.6km	複線
支線	電鉄富山駅・エスタ前～丸の内	1.0km	複線
安野屋線	丸の内～安野屋	0.6km	複線
呉羽線	安野屋～富山大学前	1.2km	複線
富山都心線	丸の内～西町	0.9km	単線一方通行
富山駅南北接続線	支線接続点～富山駅	0.2km	複線
富山港線	富山駅～奥田中学校前	1.2km	単線
富山港線（鉄道線）	奥田中学校前～岩瀬浜	6.5km	単線

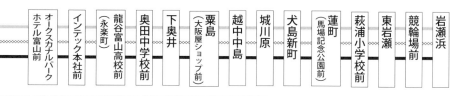

になっている。車内から眺められる富山城の姿も美しく、沿線の見どころの一つになっている。

　富山城のふもとを流れる松川では、川辺の景色を楽しむ遊覧船が運行されていて、春の季節には「桜のトンネル」、冬には「雪見鑑賞」など、季節に応じた風景を楽しむことができ、市内電車の県庁前から徒歩5分で行くことができる。

　さらに、ゆっくりと流れる市街地の車窓にはとても癒やされる。気になる場所を見つけたら、すぐに電車を降りて、街を歩いたり、疲れたら電車に乗って移動したりと、有効活用できる。電車の本数も多く、観光にも気軽に利用できるので満足感が高い。

　ターミナル駅となっている富山駅は、北陸新幹線・富山駅開業に合わせて、2015（平成27）年3月14日に開業した。JR高架駅の直下の位置に設置され、新幹線の改札を抜けると、そのまま市内電車の乗り場に直結している。新幹線から市内電車へのダイレクトな動線となっており、利便性をさらに向上させた。

　2020（令和2）年3月21日からは、富山港線と市内電車が直通運転を開始し、南北を結ぶ交通体系が誕生した。旧型電車から最新のLRV車両まで、この富山駅を起点に様々な車両たちが集まってくるので、鉄道マニアには注目の場所といえる。駅前広場で、カメラを構えているファンの姿もよく目にする。

　今後は、富山大学前から富山大学工学部前までの延伸計画があるが、現状では、電鉄富山駅の改修や、その他の事業計画などを推進するため、延伸が進展する話は、最近耳にしない。

　多くの富山市民や観光客も利用しやすい、と好評の富山地鉄の市内電車。これからも、さらなる発展に期待したいとこ

超低床タイプの 9000 形 CENTRAM

ろである。

歴史

　富山地方鉄道は、「一県一市街地化」の構想実現を目的に、1930（昭和 5）年 2 月 11 日に「富山電気鉄道株式会社」として創立したのが、ルーツである。

　1931（昭和 6）年には立山鉄道を合併し、富山〜滑川間及び、寺田〜五百石間に高速鉄道の営業を開始した。

　1943（昭和 18）年 1 月 1 日に陸上交通事業調整法が施行され、富山電気鉄道を基礎とした鉄道、軌道、バス事業を全て統合した「富山地方鉄道」が発足した。

　市内電車は、富山電気鉄道が 1913（大正 2）年 9 月 1 日に、富山駅前〜小泉町の本線と富山駅前〜市役所前〜西町間の支線を開業したのが始まりで、同日から

開催された一府八県連合共進会（博覧会）への輸送を担った。

　路線は順次延伸されたが、業績は振るわず、1920（大正 9）年 7 月 1 日に、富山市に経営移管され、「富山市営軌道」となった。そして、先ほど述べたように、陸上交通事業調整法によって、再び民営化され、「富山地方鉄道」が運営する軌道線となった。

　1960 年代の最盛期には、約 11km もの路線網を抱えていたが、モータリゼーション時代の流れとともに、衰退していった。現在、市内電車は 7.5km まで縮小してしまった。

　しかしながら現在でも、市民の足となる機能を果たしているのは、今となっては「残しておいてよかった。」という言葉にほかならないだろう。

　市内電車に転機が訪れたのは、1999

（平成 11）年 6 月 21 日のこと。赤字運行が続く JR 西日本の富山港線を、路面電車化するという提案だった。

2003（平成 15）年には、当時の富山市長がその提案に大変意欲を示し、翌年の 2004(平成 16)年には、「富山港線路面電車化推進室」が設置、市や県、富山地鉄などが株主となる「富山ライトレール株式会社」が設立された。

2005（平成 17）年 2 月 25 日には、JR 富山港線を路面電車化とする工事が始まり、2006（平成 18）年 4 月 29 日に、富山駅北～岩瀬浜間が開業した。富山駅北側の少し離れた場所に停留所を設置し、奥田中学校前までは、道路に設置された併用軌道区間を走る。

奥田中学校前～岩瀬浜間は、JR 富山港線の敷地内を改良した区間を進む。この区間は、法律上は鉄道線としての扱いとなり、列車の最高速度も 60km /h と、軌道区間に比べて 20km /h 速い。

運行頻度も JR 時代より多くなり、日中 1 時間に 1 本程度だったものが、4 本に増加し、15 分ヘッドでの運行が主体となった。利用は好調で、全国初の LRT 化路線として注目を浴び、導入を検討している自治体などから、視察の受け入れも多かったという。

3 年後の 2009（平成 21 年）12 月 23 日には、富山都心線（丸の内～西町間）が開業した。これは、富山市の「公共交通を軸としたコンパクトな街づくり」を目指したもので、都心部の活性化と路面電車の再編により、繁華街地区を回遊可能な路線に発展できることを目的に行われた。

さらに 2015（平成 27）年、3 月 14 日の北陸新幹線開業に合わせ、JR 富山駅直下に設置された富山駅停留場が開業。在来線や新幹線の乗り換えがスムーズに行えるよう、便利な場所に乗り場が建設された。2020（令和 2）年 3 月 31 日には、北側の富山港線と南側の市内電車が直通運転を開始した。ここに、現在見られる路線網が完成した。

なお、富山港線は市内電車との直通運転に先立って、2020(令和2)年2月22日、富山港線を運営する富山ライトレールを富山地方鉄道に吸収合併した。そして、富山の市街地を走る軌道線は全て、富山地方鉄道が運行するようになった。

現役車両

富山地方鉄道の市内電車には、単車（1両編成）と連接車（2・3 両編成）が存在する。基本的に単車は、富山港線と富山都心線に乗り入れることが出来ず、富山駅と南富山駅前、富山大学前方面の折り返し運用に充当される。連接車は富山港線を含め、全系統で運行されており、バリアフリーに特化した超低床電車である。

7000 形は 1957（昭和 32）年から製造された単車で、正面の前照灯は腰部真ん中に 1 灯。駆動方式は吊り掛け式を採用しており、重々しいモーター音を響か

左・レトロ電車の 7022 号　右・1993 年に冷房付きで登場した 8000 形

せながら加速していく。全部で 22 両製造されたが、新型の低床電車の導入により廃車が続き、現在は 10 両が残存している。10 両のうち（7022 号車）1 両が、2014（平成 26）年に観光車両「レトロ電車」として改装され、特別仕様となった。2013（平成 25）年に、市内電車が 100 周年を迎えた記念事業として行ったもので、現在も休日を中心に、1 系統と 2 系統で運行されており、車体外装は上部がクリーム、下部がグリーンメタリックで、車内は木の素材をふんだんに使用した、その名の通りレトロな造りになっている。

8000 形車両は、1993（平成 5）年に登場した単車で、7000 形の登場以降、28 年ぶりの新型形式となった。登場当初から、冷房装置の設置や大きな窓を採用してサービスの向上を図るなど、当時は富山地鉄市内電車の代表形式として人気が高かった。

駆動方式は平行カルダン、制御装置は VVVF インバーター制御を採用。5 両製造され、現在でも全ての車両が現役で運行されている。

0600 形車両（登場当初は TLR0600 形）は、富山港線向けに 2006（平成 18）年に導入された車両で、JR 富山港線の LRT 化の開業に合わせ、富山ライトレールが導入した型式である。新潟トランシスが製造した 2 車体の連節車両で、愛称は「ポートラム」（ポート→港・トラム→路面電車）と付いている。

車体は、岡山電気軌道の 9200 形（MOMO）などと同一の設計で、兄弟車両と言っても良いだろう。外観の塗装は、立山の新雪をイメージしたホワイトをベースに、乗降口付近には車両ごとに異なるアクセントカラーが施されている。

2020（令和 2）年に、富山ライトレールが富山地方鉄道に吸収合併された際、車両も富山港線自体も、富山地方鉄道となった。現在も、8 編成が活躍している。

2009（平成 21）年に登場した 9000 形は、同年 12 月 23 日の富山都心線（市内電車環状化）に伴い導入された形式で、当時としては、富山地方鉄道初の超低床タイプの連節車となった。

基本的には 0600 形と変わらないが、行先表示器にフルカラー LED が採用された。全部で 3 編成登場し、車体塗装は 9001 が白、9002 が銀、9003 が黒とモノトーンになっている。0600 形に比べて、シックなデザインなのが特徴的だ。車内も白を基調とした配色が施されている。愛称は一般公募の中から、「CENTRAM

富山地方鉄道　富山軌道線　南富山車庫　車両一覧（現役の車両一覧）

形式	番号	製造年	製造所	駆動方式	制御方式	車体形状	備考
7000	7012	1960	日本車輌	吊り掛け	抵抗	ボギー	
	7015	1960	日本車輌	吊り掛け	抵抗	ボギー	
	7016	1961	日本車輌	吊り掛け	抵抗	ボギー	
	7017	1961	日本車輌	吊り掛け	抵抗	ボギー	
	7018	1965	日本車輌	吊り掛け	抵抗	ボギー	
	7019	1965	日本車輌	吊り掛け	抵抗	ボギー	
	7020	1965	日本車輌	吊り掛け	抵抗	ボギー	
	7021	1965	日本車輌	吊り掛け	抵抗	ボギー	
	7022	1965	日本車輌	吊り掛け	抵抗	ボギー	レトロ電車
	7023	1965	日本車輌	吊り掛け	抵抗	ボギー	
8000	8001	1993	日本車輌	カルダン	VVVF	ボギー	
	8002	1993	日本車輌	カルダン	VVVF	ボギー	
	8003	1993	日本車輌	カルダン	VVVF	ボギー	
	8004	1993	日本車輌	カルダン	VVVF	ボギー	
	8005	1993	日本車輌	カルダン	VVVF	ボギー	
0600	0601AB	2006	新潟トランシス	カルダン	VVVF	2車体連接	愛称「ポートラム」レッド
	0602AB	2006	新潟トランシス	カルダン	VVVF	2車体連接	愛称「ポートラム」オレンジ
	0603AB	2006	新潟トランシス	カルダン	VVVF	2車体連接	愛称「ポートラム」イエロー
	0604AB	2006	新潟トランシス	カルダン	VVVF	2車体連接	愛称「ポートラム」イエローグリーン
	0605AB	2006	新潟トランシス	カルダン	VVVF	2車体連接	愛称「ポートラム」グリーン
	0606AB	2006	新潟トランシス	カルダン	VVVF	2車体連接	愛称「ポートラム」ブルー
	0607AB	2006	新潟トランシス	カルダン	VVVF	2車体連接	愛称「ポートラム」パープル
	0608AB	2006	新潟トランシス	カルダン	VVVF	2車体連接	愛称「ポートラム」シルバー
9000	9001	2009	新潟トランシス	カルダン	VVVF	2車体連接	愛称「セントラム」ホワイト
	9002	2009	新潟トランシス	カルダン	VVVF	2車体連接	愛称「セントラム」シルバー
	9003	2009	新潟トランシス	カルダン	VVVF	2車体連接	愛称「セントラム」ブラック
T100	T101	2010	アルナ車両	カルダン	VVVF	3車体連接	愛称「サントラム」
	T102	2013	アルナ車両	カルダン	VVVF	3車体連接	愛称「サントラム」
	T203	2015	アルナ車両	カルダン	VVVF	3車体連接	愛称「サントラム」
	T104	2017	アルナ車両	カルダン	VVVF	3車体連接	愛称「サントラム」

（セントラム）」と名付けられた。

2010（平成22）年から導入されたのは、T100形「SANTRAM（サントラム）」だ。7000形の一部を置き換える形で、4編成導入された。3連節車体の超低床電車である。

台車は、両端車両の下に設置されており、中間車両は両端の車両に支えられる形になっているため、フローティング構造を実現している。

兄弟車両としては、豊橋鉄道に導入されているT1000形車両と同一の設計ではあるが、前面部のデザインなどはオリジナル仕様になっている。ちなみに「SANTRAM」の意味は、「3連節車両」という意味と、「太陽の英訳sunにあやかり、燦然と輝く前途に、期待を込めて」という意味などが込められている。

富山駅で市内電車を眺めていると、じつにバリエーション豊かな路面電車を見ることができる。こういった車両に乗ったり、街中で観察したりしているだけでも、あっという間に時間が過ぎてしまうことを注意しておきたい。

併用軌道を走る MLRV1000 形

万葉線［高岡軌道線・新湊港線］

概要

　万葉線は、高岡軌道線（高岡駅停留場〜六渡寺駅）と新湊港線（六渡寺駅〜越ノ潟駅）を結ぶ軌道路線である。「万葉線」は、この2路線を総称した呼び名だ。なお、高岡軌道線は軌道線（併用軌道あり）、新湊港線は鉄道線であるが、運行は一体の形態で行われており、路面電車タイプの車両が運行されている。路線総延長は12.9km、線路幅は1067mm、使用電圧は600Vとなる。

　運賃は、多区間方式で初乗り大人200円（小人100円）〜400円（小人200円）。

後ろ乗り、前降り方式が採用されている。お得な乗車券としては、万葉線に1日何回でも乗ることができる「万葉線1日フリーきっぷ」が、大人900円（小人450円）で発売されている。そのほかにも、海王丸の乗船券とセットになったタイプもある。また万葉線を利用して、新高岡駅から北陸新幹線を利用する人に限って「全線100円券（片道）」を発行している。

　これは、万葉線の利用促進を目的としたもので、ほかに「金曜シンデレラ便」などもある。金曜の夜に、高岡の街で食事やショッピングをした人たちが家路につけるように、輸送手段の確保を狙った

庄川を渡るデ 7070 形

高岡駅前を走る万葉線

もので、高岡駅を深夜 24:00 に発車し、終点の中新湊駅には 24:37 に到着する。これは、全国の路面電車の運行の中で、最も遅い時刻となっている。

　沿線は見どころが多く、映画のロケ地や、物語の舞台にもなっている魅力的なところが多い。新町口駅から徒歩 5 分の場所にある「中の橋」付近の街並みは、生活感漂うノスタルジックな風景が広がっている。漁船が間近に停泊している姿は、都会では味わえない癒やしの光景として人気を集めている。東新湊駅から徒歩 10 分くらいの場所にある「新湊きっときと市場」は、大きなズワイガニのオブジェがお出迎えしてくれる。その日に獲れた魚介類の昼セリが見学できることもある。

歴史

　万葉線は、元々高岡軌道線（富山地方鉄道）と新湊港線（越中鉄道）が合併してできた路線である。1930（昭和 5）年 10 月 12 日に、西越ノ潟駅（廃止）～新湊東口駅（現在の東新湊駅）間の新湊港線区間を開業したのが始まりで、1943（昭和 18）年 1 月 1 日に、越中鉄道が富山地方鉄道に吸収合併された。

　のちの 1948（昭和 23）年 4 月 10 日に、現在の高岡軌道線にあたる地鉄高岡

高岡軌道線

高岡駅 ― 末広町 ― 片原町 ― 坂下町 ― 急患医療センター前 ― 広小路 ― 志貴野中学校前 ― 市民病院前 ― 江尻 ― 旭ヶ丘 ― 荻布 ― 新能町 ― 米島口 ― 能町口 ― 新吉久

万葉線路線表

路線名	区間	距離	線路形態
高岡軌道線	高岡駅前〜六渡寺	8.0km	高岡駅前〜広小路間、米島口〜六渡寺間単線 広小路〜米島口間複線
新湊港線	六渡寺〜越ノ潟	4.9km	単線

米島口車両基地

（現在の高岡駅）〜伏木港間（廃止）間が開業した。1951（昭和26）年4月1日に、国鉄新湊線の旅客列車の廃止に伴い、米島口〜新湊駅（現在の六渡寺駅）間が開業。富山地鉄の地鉄高岡駅まで、直通運転が行われるようになった。

その後、1966（昭和41）年4月5日に、富山新港建設の影響で、新湊駅〜越ノ潟駅間が、加越能鉄道に譲渡された。またモータリゼーションの影響もあり利用が落ち込み、1971（昭和46）年9月1日に、米島口駅〜伏木港駅間が廃止。現在の高

新湊港線

吉久	中伏木	六渡寺	庄川口	第一イン新湊クロスベイ前	新町口	中新湊	東新湊	海王丸	越ノ潟

岡駅停留場～越ノ潟駅の運行になった。

　1976（昭和 51）年に発生した台風 17 号によって、庄川橋梁が崩壊。このことがきっかけで廃線の意向が出てしまったが、住民による存続運動が活発に行われ、1977（昭和 52）年 10 月 1 日に復旧し、運行が続けられることになった。

　1980（昭和 55）年 12 月 6 日には、それまで一体運行を続けていた高岡軌道線と新湊港線の愛称が「万葉線」となった。当時万葉線を運行していた加越能鉄道が、同線を廃線にし、同時にバスによる代行輸送の意向を示したことから、「鉄道」としての存続を望む住民らが声を上げ、第三セクター方式として、万葉線株式会社を設立。2002（平成 14）年 4 月 1 日より、新会社での運行を開始した。万葉線株式会社として運行を開始してからも、停留場の改良や新型車両の導入を意欲的に進めており、利便性の向上に向けた様々な取り組みを行っている。

2 車体連接の超低床電車 MLRV1000 形

万葉線（高岡軌道線・新湊港線）

ラッピング電車「ドラえもんトラム」

現役車両

　デ7070形は、元々は万葉線の前身である「加越能鉄道」が導入した車両だ。富山地方鉄道で製造された7000形と同タイプの形式で、1967（昭和42）年に登場した。前面3枚窓、腰部にヘッドライトが1灯設置されている。路面電車の車両としてはお馴染みのスタイルだが、全幅が2440mmと広く、大柄な車体となっている。

　新湊港線の六渡寺〜越ノ潟間には、列車自動停止装置（ATS）が搭載されているため、車上装置が設置されている。路線の運行が、加越能鉄道株式会社から万葉線株式会社に移行した際には旧型車両のみだったが、2002（平成14）年に新形式となるMLRV1000形の計画が発表され、国からの近代化設備整備費補助金の交付や、富山県、高岡・新湊両市からの援助を受け、採用に至った。

　MLRV1000形は、2車体連接の超低床電車（LRV車両）で、2004（平成16）年1月21日に運用開始された。2009（平成21）年までに6編成を導入し、運行している。

　「アイトラム (AI-TRAM)」の愛称で親しまれ、車体は新潟トランシスで製造された100%低床の超低床構造である。車内・通路部のレール上面から床面までの高さは36cmで、乗降口部分では30cmとさらに低くなっている。

　熊本市交通局の9700形、岡山電気軌道の9200形 (MOMO) などと同様に、丸みを帯びたデザインが特徴的だ。

　2012（平成24）年からは、漫画「ドラえもん」をモチーフにしたラッピング電車「ドラえもんトラム」が運行され人気を博している。ドラえもんの作者である藤子・F・不二雄氏が、富山県高岡市の出身である由縁から運行されているもので、車体の内装・外装ともに、キャラクターが描かれている。

　全体的にドラえもんをイメージした青をベースに、乗降口の周りに、どこでもドアが表現されており、車内の座席付近にも、ひみつ道具が描かれている。この車両は、観光客や親子連れに大変人気で、運行に関しての問い合わせも多く、同社はSNSなどを通じて、運行予定時間を公表している。

　また、6000形ディーゼル機関車は、除雪用に導入された機関車で、冬季に積雪があった際に運行される。路面軌道を行く内燃式の機関車ということで、非常に珍しい存在である。ディーゼルカーのため、操縦するための免許が路面電車とは異なり、一部の運転士は乙種内燃車の動力車操縦者の免許資格も有している。

鉄道線区間を走る MLRV1000 形

除雪用の 6000 形ディーゼル機関車

万葉線　米島口車庫区　車両一覧（現役の車両一覧）

形式	番号	製造年	製造所	駆動方式	制御方式	車体形状	備考
7070	7071	1967	日本車輌	吊り掛け	抵抗	ボギー	
	7073	1967	日本車輌	吊り掛け	抵抗	ボギー	
	7074	1967	日本車輌	吊り掛け	抵抗	ボギー	
	7075	1967	日本車輌	吊り掛け	抵抗	ボギー	
	7076	1967	日本車輌	吊り掛け	抵抗	ボギー	
1000	1001-ab	2003	新潟トランシス	カルダン	VVVF	2車体連接	愛称「アイトラム」
	1002-ab	2004	新潟トランシス	カルダン	VVVF	2車体連接	愛称「アイトラム」
	1003-ab	2006	新潟トランシス	カルダン	VVVF	2車体連接	愛称「アイトラム」
	1004-ab	2008	新潟トランシス	カルダン	VVVF	2車体連接	愛称「アイトラム」
	1005-ab	2009	新潟トランシス	カルダン	VVVF	2車体連接	愛称「アイトラム」
	1006-ab	2009	新潟トランシス	カルダン	VVVF	2車体連接	愛称「アイトラム」
6000	6000	2012	新潟トランシス				除雪用ディーゼル機関車

田原町〜仁愛女子高校間の併用軌道を走る F1000 形 FUKURAM

福井鉄道

概要

　福井鉄道は、福武電気鉄道時代に開業した路線を「福武線」として営業している。かつて鯖浦（せいほ）電気鉄道（鯖浦線）、南越鉄道（南越線）を合併し、自社路線として運行していたが、鯖浦線は 1973（昭和 48）年 9 月 29 日に、南越線は 1981（昭和 56）年 4 月 1 日に廃線となった。

　現在は、福井県越前市のたけふ新駅と福井市の田原町駅までと、途中の福井城址大名町駅から分岐して、福井駅停留場までの計 21.4㎞の路線を運行している。

　このうち、たけふ新駅〜赤十字前駅までは鉄道法が適用され、そこから福井駅前停留場と田原町停留場までは軌道法が適用され併用軌道となっている。たけふ新〜花堂間と福井城址大名町間が単線で、そのほかの区間が複線、軌間は 1067㎜で使用電圧は 600V を採用する。路線が T 字の形をしているため、たけふ新〜田原町間を福井駅経由で運行するが、朝の田原町方面は福井駅を経由しない。朝夕には急行列車も運行されるが、夕方の急行は福井駅を経由しないなど、時間帯によって運行形態が異なっている。

田原町～鷲塚針原間で、えちぜん鉄道との相互直通運転が行われており、日中の時間帯1時間ヘッドで、たけふ新～鷲塚針原間電車が福井駅経由で運行されている。この列車に使用されるのは、福井鉄道はF1000形とF2000形で、えちぜん鉄道はL-01形に限られる。

　乗降方法は、列車中央のドアから乗り、進行方向一番前のドアから降車する。駅係員がいる駅では、近くのドアから乗降可能である。日中は30分ヘッドで運転されており、運賃は対距離制を導入。初乗り大人210円（小人110円）。一番高くても450円、小人230円となっている。軌道区間は、180円（小人90円）均一、鉄道区間が210円（小人110円）である。1日乗車券は、土日祝日に利用できるものが大人600円（小人300円）だが、えちぜん鉄道と共通のお得な乗車券や、バスの利用とセットになる乗車券があるなど、目的別に選ぶことができるのが嬉しい。

　たけふ新駅周辺には、様々な観光スポットが点在し、「紫式部公園」や「蔵の辻」、日本を代表する絵本画家、いわさきちひろの「ちひろの生まれた家」記念館など、歴史めぐりで福武線を利用するのも楽しいだろう。

　また鉄道愛好家におすすめの撮影スポットは、市街地を走る電車ももちろん良いのだが、雪国ならではの施設として、分岐器を覆うシェルター内を走行する電車を撮影するのも面白いだろう。シェルターは、積雪から分岐器を保護するための設備で、その姿は短いトンネルのようにも見え、まるで「トンネルポータル」のようなユニークな形である。

　遠方から訪れた鉄道愛好家が、注目するポイントであろう。またこういった光景は、三十八社駅ほか、数か所で見られるが、同駅付近にあるシェルターは、駅から出た道を歩いていくと、間近で見ることができるのでおすすめだ。

　また北府（きたご）駅には、「北府駅鉄道ミュージアム」が併設されており、かつて高床車両として活躍していた200形の姿を見ることができる。

左・福井駅西口広場に移設された福井駅　右・田原町駅を発車するF1000形 FUKURAM

福井鉄道

たけふ新	北府	スポーツ公園	家久	サンドーム西	西鯖江	西山公園	水落	神明	鳥羽中	三十八社	泰澄の里	浅水	ハーモニーホール	清明

福井鉄道路線表

路線名	区間	距離	線路形態
福武線	たけふ新～田原町	20.9km	花堂～田原町間複線、たけふ新～花堂間単線
	福井城址大名町～福井駅前	0.6km	単線

左・えちぜん鉄道鷲塚針原駅に乗り入れた福井鉄道 F1000 形　右・えちぜん鉄道からは L-01 形が乗り入れる

歴史

　現在の福井鉄道は、県内複数の鉄道事業者との合併を繰り返して誕生している。そのルーツは、軽便鉄道を運行していた「武岡軽便鉄道」である。

　1914（大正 3）年 1 月 29 日に、新武生～五分市間が開業（南越線の一部）から始まっており、順次延伸開業を繰り返し、1918（大正 7）年 3 月 19 日に「武岡鉄道」に社名を変更した。

　その後も、1924（大正 13）年 3 月 7 日に「今立鉄道」を吸収合併して南越鉄道となり、軌間を軽便鉄道の 762㎜から 1067㎜に改軌した。1941（昭和 16）年

7 月 2 日には、福武電気鉄道と合併して「南越線」となる。1945（昭和 20）年 8 月 1 日には、鯖浦電気鉄道と福武電気鉄道が合併し、現在の「福井鉄道」が誕生した。

　なお、鯖浦線は鯖浦電気鉄道の路線として 1926（大正 15）年に開業。福武線は福武電気鉄道によって、1924（大正 13）年に開業している。福井鉄道の誕生により、県内三つの路線が、一つの会社にまとめられたわけだ。

　福井鉄道は、鉄道の近代化と利便性向上を推進していくため、1948（昭和 23）年 3 月 1 日に、南越線の電化を完了した。1950（昭和 25）年 11 月 27 日には

江端　ベル前　花堂　赤十字前　商工会議所前　足羽山公園口　福井城址大名町　仁愛女子高校　田原町

福井駅

※えちぜん鉄道鷲塚針原まで相互乗り入れ

福武線の本町通り～田原町間が複線開業した。

　しかし、高度経済成長期に入った1962（昭和37）年1月に、鯖浦線、鯖江～水落（みずおち）間が廃線。続けて1972（昭和47）年10月12日に、西田中～織田間が廃止され、最終的に翌年の1973（昭和48）年9月29日に、残された水落～西田中間が廃止になり、鯖浦線は全線廃止となった。

　南越線も1971（昭和46）年9月1日に、粟田部（あわたべ）～戸ノ口間が廃線。1981（昭和56）年4月1日に、社武生～粟田部間の廃止をもって、全線廃止となった。この時から、福井鉄道は福武線だけの運行になった。

　福武線の近代化として、1980（昭和55）年4月10日に、CTC（列車集中自動制御装置）を導入。1984（昭和59）年4月1日からはワンマン化を推進し、1989（平成元）年10月1日に、花堂南（はなんどうみなみ）駅（現在のベル前駅）を開業。1997（平成9）年9月20日には、ハーモニーホール駅も開業している。

　2010（平成22）年3月25日には、スポーツ公園駅が開業するとともに、一部の駅名称が変更された。（武生新駅→越前武生駅、西武生駅→北府駅、上鯖江駅→サンドーム西駅、福井新駅→赤十字前駅、裁判所前駅→仁愛女子高校駅。）また、停留場のリニューアルも進み、2015（平成27）年には、公園口駅、2016（平成28）年には木田四ツ辻駅、2017（平成29）年には市役所前駅が完

左・名鉄から来た800形。886編成はVVVFインバータ制御に改造された　右・鉄道線から軌道線の併用軌道に入る700形

鉄道線と軌道線の分岐点。後方が赤十字前駅

了している。

　大きな出来事といえば、2016（平成28）年3月27日から、田原町駅でえちぜん鉄道との相互直通運転が開始された。同時に、福井駅前停留場を、福井駅西口広場に移設し、福井駅停留場に名称を変更した。さらに木田四ツ辻駅を商工会議所前駅に、公園口駅を足羽山公園口（あすわやまこうえんぐち）駅と改称している。

　2018（平成30）年3月24日には、市役所前駅を福井城址大名町駅に名称の変更をした。この名称変更により、軌道区間の全ての駅名称が変更となった。

　2023（令和5）年には、北陸新幹線の「越前たけふ」駅開業を意識し、駅名の混同を防ぐため、「越前武生」駅を、当初の「たけふ新」駅に、駅名称を戻している。

現役車両

　現役の車両は、全て路面電車タイプの小型車両が運行されている。2005（平成17）年に導入されたのは770形で、元々は名鉄岐阜市内線・揖斐線で運行されたものを、同線が廃止されたことによって、4編成が譲渡された。

　2車体連節タイプの車両で、外観はあまり変更されていないが、福井鉄道に入線する際に、車両性能などがアップグレードされている。えちぜん鉄道乗り入れにも対応しているが、現在は自社線のみの運行となっている。

　880形は、770形とともに名鉄で活躍していた車両で、福井鉄道では2006（平成18）年4月より運行されている。見かけ上は、770形とあまり大差はない。2021（令和3）年から翌年にかけて882、886、888編成がVVVFインバータ制御に改造された。

　F1000形電車（FUKURAM・フクラム）は、2013（平成25）年3月から運行を開始した。同社初の超低床車両である。車体は3連節構造となっており、車軸を省いた独立車輪からなるボルスタレス式のボギー台車を履いている。そのため、

床面の 100% 超低床が実現し、レール面から車内の床までの高さが 39㎝(出入り口付近では、33㎝)まで低くなっている。

登場当初は、中古車両ばかりであった同線に、50 年ぶりの新型車両の登場ということもあって、沿線には地元民や多くの鉄道ファンが集まり、カメラを構えたという。

2016(平成 28)年 3 月 27 日より、えちぜん鉄道との相互直通運転が開始された。えちぜん鉄道側も、F1000 形と同じ基本性能を持つ、超低床車両の L 形(ki-bo・キーボ)を導入し、福井鉄道へ入線してきた。

F2000 形(FUKURAM Liner・フクラムライナー)は、2023(令和 5)年 3 月に登場したばかりの 3 連節車体の超低床電車である。880 形を置き換えるために導入された。VVVF 制御や LED 照明など

の採用により、880 形と比較して、30% 以上の消費電力削減を図っている。定員は 115 名とし、朝夕ラッシュ時の混雑緩和(880 形より 1 割程度増加)にも貢献している。また、車内のシートをロングシート化し、通路幅を F1000 形に比べて広く取っている。外観は、スピード感ある傾斜した前面で、直線的なデザインとなっている。

F10 形(RETRAM・レトラム)は、土佐電気鉄道からの譲渡車で、元々はシュトゥットガルト(ドイツ)で運行されていた外国製の車両である。土佐電気鉄道では故障が多く、同社の新型車両の導入も影響し、休車扱いだったものを、福井県が観光資源として購入した。

福武線内のみの運行で、えちぜん鉄道には直通しないが、現在も福井鉄道で、現役で活躍しているのは嬉しいばかりだ。

福井鉄道 北府車両工場 車両一覧(現役の車両一覧)

形式	番号	製造年	製造所	駆動方式	制御方式	車体形状	備考
モ 880	883 - 882	1980(2006 年入線)	日本車輌	カルダン	VVVF	2 車体連接	元名鉄モ 883 - 882
	885 - 884	1980(2006 年入線)	日本車輌	カルダン	抵抗	2 車体連接	元名鉄モ 885 - 884
	887 - 886	1980(2006 年入線)	日本車輌	カルダン	VVVF	2 車体連接	元名鉄モ 887 - 886
	889 - 888	1980(2006 年入線)	日本車輌	カルダン	VVVF	2 車体連接	元名鉄モ 889 - 888
モ 770	771 - 770	1987(2005 年入線)	日本車輌	カルダン	抵抗	2 車体連接	元名鉄モ 771 - 770
	773 - 772	1987(2005 年入線)	日本車輌	カルダン	抵抗	2 車体連接	元名鉄モ 773 - 772
	775 - 774	1988(2005 年入線)	日本車輌	カルダン	抵抗	2 車体連接	元名鉄モ 775 - 774
	777 - 776	1988(2005 年入線)	日本車輌	カルダン	抵抗	2 車体連接	元名鉄モ 777 - 776
F10	735A+735B	1965(2014 年入線)	エスリンゲン	カルダン	抵抗	2 車体連接	元シュトゥットガルト市電 愛称「レトラム」
F1000	F1001	2013	新潟トランシス	カルダン	VVVF	3 車体連接	愛称「フクラム」
	F1002	2015	新潟トランシス	カルダン	VVVF	3 車体連接	愛称「フクラム」
	F1003	2016	新潟トランシス	カルダン	VVVF	3 車体連接	愛称「フクラム」
	F1004	2016	新潟トランシス	カルダン	VVVF	3 車体連接	愛称「フクラム」
F2000	F2001	2023	アルナ車両	カルダン	VVVF	3 車体連接	愛称「フクラムライナー」

京阪電気鉄道・大津線
［石山坂本線・京津線］

概要

　京阪電気鉄道・大津線は、同社の京津線と石山坂本線の2路線をまとめた総称である。

　石山坂本線は、現在は滋賀県の石山寺駅からびわ湖浜大津駅を経由して、坂本比叡山口駅まで結んでいる。滋賀県大津市内で完結している路線から、同市民の大切な公共交通機関であることが分かる。沿線は、大津市役所や学校などの公共施設が立ち並び、日吉大社や近江神宮などの観光名所もあることから、観光客の利用も多い路線である。

　軌間は他の京阪線と同じく1435mm。使用電圧も同じく1500Vである。

　2両固定編成の小型電車が走る風景はとても可愛らしく、線路際にはカメラを構えた愛好家も見られる。また、びわ湖浜大津駅〜三井寺駅の間は、自動車と混在して走る「併用軌道」の区間があり、それ以外は「専用軌道（新設軌道区間）」で構成されている。

　運賃は通常の鉄道と同様で、距離に応

1984年に冷房付きで登場した600形。609号以降は前面に曲面ガラスを使用　石山坂本線京阪石山　2020年9月8日

じて決まっており、大人170円、240円、330円の対キロ区間制である。乗車方法はすべてのドアから可能である。

またお得な乗車券として、期間毎に京阪電車全線のフリーチケットも発売されているが、大津エリア限定の「びわ湖1日観光チケット」がおすすめだ。石山坂本線と京津線が全線乗り放題で、大人700円（小人350円）とかなりお得。今後も様々なお得チケットが発売されることを期待したい。

運転間隔は20分ヘッドだが、朝夕は最大で、1時間8本の高頻度運転が行われている。

続いて、びわ湖浜大津駅から御陵駅を結んでいるのは、京津線である。京都市内から滋賀へと抜ける重要な路線として機能している。元々は、京都の三条まで運行されていた軌道線だったが、御陵駅～京都市内は、京都市営地下鉄・東西線に編入され、同線の太秦天神川駅まで乗り入れている。

このため、車両も地下鉄に合わせて車体長16.5mの4両固定編成で運転されている。びわ湖浜大津駅～上栄町駅間は、道路上を走行する併用軌道区間で、上栄町駅～大谷駅間は61‰（水平距離1000mに対し、61mの高低差を持つ勾配）もの急勾配区間があり、路面区間、山岳区間、地下区間と、日本で唯一のバラエ

直線的なデザインとなった700形　石山坂本線京阪石山　2020年9月8日

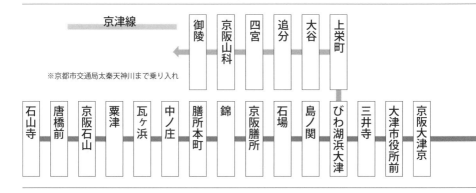

京津線

御陵　京阪山科　四宮　追分　大谷　上栄町

※京都市交通局太秦天神川まで乗り入れ

石山寺　唐橋前　京阪石山　粟津　瓦ヶ浜　中ノ庄　膳所本町　錦　京阪膳所　石場　島ノ関　びわ湖浜大津　三井寺　大津市役所前　京阪大津京

急勾配と急カーブが連続する上栄町～大谷間を走る800系　2020年9月8日

ティーに富んだ軌道路線である。

　石山坂本線と同様軌間1435㎜、使用電圧1500Vである。また、京都市営地下鉄東西線開業前は、石山坂本線と京津線は同じ車両、同じ運転方式であったことから、総称として「大津線」と呼ばれている。

歴史

　大津線（石山坂本線・京津線）は、旧東海道に沿って、京都市街地と大津市街地を結ぶ電気鉄道の建設を目的に、計画されたのが始まりである。

　1906（明治39）年3月19日に、京都（三

京阪電気鉄道大津線路線表

路線名	区間	距離	線路形態
京津線	御陵〜びわ湖浜大津	7.5km	複線
石山坂本線	坂本比叡山口〜石山寺	14.1km	複線

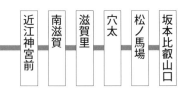

石山坂本線

近江神宮前　南滋賀　滋賀里　穴太　松ノ馬場　坂本比叡山口

条）～大津（大津市御蔵町）間の軌道敷設を内務省に出願し、1907（明治40）年には、内務省から京津電気軌道へ三条大橋～浜大津間の許可が降り、1911（明治44）年6月21日に着工となった。

　1912（大正元）年8月15日、三条大橋駅～上関寺（仮）駅と、上関寺駅～札ノ辻駅間が開業した。これが、現在の京津線の一部である。ちなみに、それぞれ個別に営業を開始したのは、上関寺駅付近にある東海道線の跨線橋の工事が完了していなかったためであった。

　同年12月14日には、跨線橋工事が完了したため、三条大橋駅～札ノ辻駅間の通し運転を開始、10分〜15分ヘッドで電車の運転が行われた。1919（大正8）年には、三条大橋駅～三条駅間が単線で開業したことによって、京都側の玄関口は設置できたが、家屋の立ち退きが難航している影響で、札ノ辻駅～浜大津駅までの建設は中々進まなかった。この区間が開業したのは、運行会社が京阪電気鉄道となった1925（大正14）年5月5日のことであった。

　1934（昭和9）年3月19日には、日本で初めての連接電車となる「60型」びわこ号が登場し、浜大津駅と京阪本線を結ぶ直通列車として人気を博した。しかし、太平洋戦争が激化していく中で、戦時中の企業統合政策により、1943（昭和18）年10月1日に、京阪電気鉄道と阪神急行電鉄が合併、京津線は、京阪神急行電鉄の路線となる。

　一方、石山坂本線のルーツは、1913（大正2）年に大津駅（のちの浜大津）～膳所駅（現在の膳所本町駅）間が開業したのが始まりで、1914（大正3）年6月4日には、浜大津駅～螢谷駅（後に廃止）～石山駅（現在の石山寺駅）が開業。以降も路線を伸ばし、1927（昭和2）9月10日に石山駅～坂本駅間も開業した。

　その後も、駅の新設や廃止を繰り返し、1943（昭和18）年10月1日に、京阪神急行電鉄となった。戦後の1949（昭和24）年12月1日に会社分離が行われ、再び、京阪電気鉄道が再発足し、京津線と石山坂本線は同鉄道の所属路線となった。

　なお、1997（平成9）年10月11日をもって、京津三条駅～御陵駅間が廃止され、京都市営地下鉄・東西線と、京津線が直通運転を始めた。（ただし、直通は京津線の車両のみ）

妙光寺の境内を横切る 800 系　京津線上栄町～大谷　2020 年 9 月 8 日

現役車両

石山坂本線は、15ｍ級の車体を二つ繋いだ２両固定編成の電車で運行されている。

600 形は、1984（昭和 59）年に登場した京津・石山坂本線（当時の京阪大津線）のサービス改善を目的に導入された冷房装置付きの車両。山間部の厳しい線路条件でも性能が発揮できるように、回生ブレーキを搭載している。定速制御や発電ブレーキも採用しており、現在 20両が活躍している。

700 形は、1992（平成 4）年に登場した車両で、石山坂本線の中では最新形式である。元々は 600 形の増備を考えていたが、使用電圧を京都市営地下鉄・東西線開業に合わせて、1500V に昇圧するための準備工事を行った関係で、新形式に分けられた。

800 系は、京津線が京都市営地下鉄東西線に直通するために開発された車両で、車両寸法は地下鉄に合わせて、車体長 16.5ｍの 4 両編成。地下鉄線内で使用する保安装置や、ATO（自動列車運転装置）、ATC（自動列車制御装置）も搭載している。

また、京津線内の急勾配や急曲線に対応するために、台車や制御装置も特別なものが採用されている。さらに、びわ湖浜大津駅～上栄町駅間の併用軌道も走行することから、車体側面下部に、マーカーランプも設置している。

大津線の 800 系。4 両編成の鉄道用車両が、併用軌道区間を走る姿は圧巻だ。

京阪電気鉄道大津線　四宮車庫・錦織車庫　車両一覧（現役の車両一覧）

形式	番号	製造年	製造所	駆動方式	制御方式	車体形状	備考
600	601-602	1984	京阪錦織工場	カルダン	界磁位相	2 両編成	307-308 車体流用
	603-604	1984	京阪錦織工場	カルダン	界磁位相	2 両編成	303-304 車体流用
	605-606	1984	京阪錦織工場	カルダン	界磁位相	2 両編成	305-306 車体流用
	607-608	1984	京阪錦織工場	カルダン	界磁位相	2 両編成	301-302 車体流用
	609-610	1986	京阪錦織工場	カルダン	界磁位相	2 両編成	277-278 車体流用
	611-612	1986	京阪錦織工場	カルダン	界磁位相	2 両編成	275-276 車体流用
	613-614	1987	京阪錦織工場	カルダン	界磁位相	2 両編成	274-279 車体流用
	615-616	1987	京阪錦織工場	カルダン	界磁位相	2 両編成	269-270 車体流用
	617-618	1988	京阪錦織工場	カルダン	界磁位相	2 両編成	271-272 車体流用
	619-620	1988	京阪錦織工場	カルダン	界磁位相	2 両編成	273-268 車体流用
700	701-702	1992	京阪錦織工場	カルダン	界磁位相	2 両編成	361-360 車体流用
	703-704	1992	京阪錦織工場	カルダン	界磁位相	2 両編成	359-358 車体流用
	705-706	1992	京阪錦織工場	カルダン	界磁位相	2 両編成	501-502 車体流用
	707-708	1993	京阪錦織工場	カルダン	界磁位相	2 両編成	503-504 車体流用
	709-710	1993	京阪錦織工場	カルダン	界磁位相	2 両編成	505-506 車体流用
800	801-851-852-802	1997	川崎重工	カルダン	VVVF	4 両編成	
	803-853-854-804	1997	川崎重工	カルダン	VVVF	4 両編成	
	805-855-856-806	1997	川崎重工	カルダン	VVVF	4 両編成	
	807-857-858-808	1997	川崎重工	カルダン	VVVF	4 両編成	
	809-859-860-810	1997	川崎重工	カルダン	VVVF	4 両編成	
	811-861-862-812	1997	川崎重工	カルダン	VVVF	4 両編成	
	813-863-864-814	1997	川崎重工	カルダン	VVVF	4 両編成	
	815-865-866-816	1997	川崎重工	カルダン	VVVF	4 両編成	

京福電気鉄道・嵐電

概要

　京福電気鉄道は、四条大宮から帷子ノ辻（かたびらのつじ）を経由して嵐山までの嵐山本線7.2kmと、帷子ノ辻から北野白梅町間の北野線3.8kmの合計2路線、11kmの軌道路線である。この2路線を総称して、嵐電と呼んでいる。

　軌道路線ながら、併用軌道は西大路三条〜山ノ内間と太秦広隆寺付近のみで、その他の区間は新設軌道を走る。軌間は1435mm、使用電圧は600Vで、嵐山本線は全線複線だが、北野線は常盤〜鳴滝間のみ複線で、他の区間は単線になっている。

　沿線には、古都京都の文化財として世界遺産に登録されている観光施設が多い。仁和寺、鹿苑寺（金閣寺）、天龍寺、龍安寺をはじめ、国宝に指定されている広隆寺、北野天満宮、大報恩寺、また、渡月橋や嵐山公園、東映の太秦映画村なども人気が高い。

　車窓でお勧めの場所は、太秦広隆寺駅から帷子ノ辻駅に向かう際、三条通の交差点付近である。広隆寺の山門前の併用軌道を走る姿が見られ、いかにも京都らしい風景の一つを拝める。西大路三条駅から太秦広隆寺駅までの風景も、併用軌道を自動車などと一緒に走るので、京都らしい風景をたくさん楽しめる。また嵐電は、沿線に花が多いのも印象的である。

桜が立ち並んでいることで有名な、北野線の鳴滝駅から宇多野駅間の約200mは、線路の両側に、ソメイヨシノが咲き誇り、その姿から「桜のトンネル」と呼ばれ、人気を博している。

　他にも沿線には、紫陽花やコスモス、彼岸花など、たくさんの花々が美しい色彩を見せてくれる。また、嵐山駅には食事や買い物を楽しめる商業施設や駅の足湯があり、電車から降りてすぐ、駅のホームで足湯に入れるのが嬉しい。

　運転間隔は、日中時間帯が10分間隔で運行されており、朝のラッシュ時間帯は最大で、1時間8本の高頻度運転が行われている。通常は1両の単行でワンマン運転を行っているが、朝夕のラッシュ時間帯や土休日の一部時間帯・観光シーズンには2両編成となる。

　2両編成は、前方部の運転台付近（各車両とも運転台）に別の乗務員が乗車し、運賃収受を行っているため、乗車方法は、1両目2両目ともに後扉から乗車し、降車はそれぞれ前の扉から降りる。1両の場合も、後乗り前降りである。

　運賃は後払い方式で、乗車時のICカードタッチは不要だ。ただし、四条大宮、帷子ノ辻、嵐山、北野白梅町では、停留場・改札で支払う。その他の停留場では、降車の際に、運転士側の運賃箱に支払う。

　運賃は全線均一制で、大人250円（小

広隆寺の前を走るモボ 2001 号

併用軌道区間では路面電車らしい姿が見られる

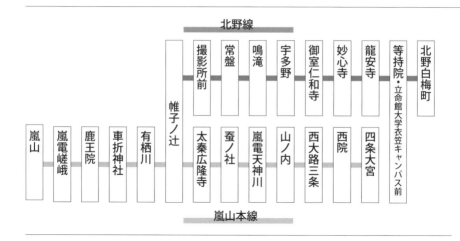

北野線

撮影所前　常盤　鳴滝　宇多野　御室仁和寺　妙心寺　龍安寺　等持院・立命館大学衣笠キャンパス前　北野白梅町

嵐山　嵐電嵯峨　鹿王院　車折神社　有栖川　帷子ノ辻　太秦広隆寺　蚕ノ社　嵐電天神川　山ノ内　西大路三条　西院　四条大宮

嵐山本線

京福電気鉄道 嵐電　路線表

路線名	区間	距離	線路形態
嵐山本線	四条大宮～嵐山	7.2km	複線
北野線	北野白梅町～帷子ノ辻	3.8km	単線・複線

左・始発駅の四条大宮駅に停車中のモボ614　右・パトロールカーに似た塗装のモボ105「嵐電パトトレイン」

人120円)。交通系ICカードも利用可能。さらに、嵐電専用のICカード「らんでんカード」も、特典付きでお得に利用できる。1チャージ(2000円単位)につき、200円のプレミアムが付与されるうえ、沿線の複数の施設で、割引のサービスがある(らんでんカードを提示)。

他にもお得な乗車券として、嵐山本線、北野線に乗り降り自由の「嵐電1日フリーきっぷ」、大人700円(小人350円)。「嵐電・映画村セット券」、大人2900円(中高生2000円、小人1450円)もある。嵐電の全線と、沿線の映画村の入村券1回分が付いている。

また、嵐電全線と京都市営地下鉄全線が乗り降り自由の「京都地下鉄・嵐電1dayチケット」1300円も、お得に乗り鉄や京都観光が楽しめるのでお勧めだ。

山ノ内停留場はホームが狭いため、「電車が到着してからお渡りください」との表示が見られる

歴史

　嵐電は、1910（明治43）年に嵐山電車軌道が、京都（現在の四条大宮）〜嵐山間を開業したのが始まりで、1918（大正7）年に、京都電燈が嵐山電車軌道を合併した。1925（大正14）年から1926（大正15）年にかけて、京都電燈が北野線の北野から帷子ノ辻間を開業した。

　戦時体制下になると、京都電燈は配電統制令により解散し、鉄軌道部門は1942（昭和17）年に設立した京福電気鉄道が引き継いだ。この際、嵐電以外に鞍馬電気鉄道（叡山本線）と福井の三国芦原電鉄（三国芦原線）が合併し、京都と福井の頭文字を取って「京福」の名が付いた。

　1944（昭和19）年には、永平寺鉄道（永平寺線）、丸岡鉄道（丸岡線）も合併され、

約120kmにも及ぶ鉄道路線を保持した。

　戦後は、モータリゼーションの影響により、丸岡線を廃止、叡山本線と鞍馬線を叡山電鉄として分社化するなど合理化が図られた。これにより、京都の嵐山本線、北野線、福井の越前本線、三国芦原線、永平寺線を持つ事業者となったが、2000（平成12）年と2001（平成13）年に、越前本線で続けて列車衝突事故を起こし、国土交通省から福井地区全路線の運行停止命令を受けてしまった。

　京福電気鉄道は、福井地区での鉄道事業を断念し、路線はえちぜん鉄道に譲渡された。京都の嵐電には影響はなかったが、福井の鉄道事業が廃止されたため、会社名がそぐわなくなってしまった。

　なお、北野線は1958（昭和33）年に白梅町から北野間が廃止され、同時に白梅町は北野白梅町へ名称の変更を行った。

左・江ノ電塗装のモボ631号　右・レトロ調のモボ21形27号

現役車両

　嵐電で活躍している車両は多数あり、嵐電のコーポレートカラーである京紫色の車体が多く見られる。2010（平成22）年3月に開業100周年を記念して、それまでの上半ダークベージュ（濃いアイボリー）、下半ダークグリーン（濃い緑色）のツートンカラーから、順次、京紫色に変更されている。

　モボ101形やモボ501形、モボ611形、モボ621形、モボ631形、モボ2001形などが京紫カラーである。ちなみにモボというのは、モはモーター車、ボはボギー車を表している。現在モボ301形は、以前の嵐電標準色であったダークベージュとダークグリーンのツートンで塗装されている。

　モボ21形はレトロ調の車両で、ダブルルーフ形の屋根にダークブラウン（濃い茶色）をベースカラーとし、金色（26号）や銀色（27号）の装飾帯がデザインされている。1994（平成6）年に平安京遷都1200周年を記念して、嵐電協賛の一環として登場した。モボ621形の設計を基本としたレトロ調車体である。

　最新鋭の2001形は、2000（平成12）年に登場。嵐山本線開業90周年記念として、モボ501形の置換え用として登場した。新しい「嵐電スタイル」の車両であり、嵐電初のカルダン駆動車である。2両が武庫川車両工業（現在の阪神車両メンテナンス）で製造された。

　2023（令和5）年には、同社の回生電力貯蔵装置の導入に伴い、2両とも回生ブレーキ化の改造が行われている。嵐電車両への回生ブレーキ導入は、2001形2両が初めてで、回生ブレーキ化改造工事の他にも、行先表示器のLED化やホーム検知装置の新設などが行われた。他に、電動貨車のモト1000形があり、旧京都市電600形の機器が流用されている。

　なお、北野天満宮の梅や仁和寺の桜の時期に併せて、梅電車や桜電車を運行しているほか、夏には妖怪電車を運行し話題を集めている。

　2009（平成21）年に江ノ島電鉄と姉妹提携を結び、お互いの車両の塗装に塗り替えた電車を走らせ人気となる。嵐電631号車は、江ノ電カラーで走行している。

　嵐電の貸し切り運転も行われており、片道につき基本料金1万2500円に、乗

最新鋭のモボ2001形

車人員1名あたり130円を乗じた額を加えた運賃で貸し切りが可能である。（別途、留置料金・回送料金がかかる。）四条大宮駅から嵐山駅まで、飲み物や食べ物の持ち込みが自由で、時間帯も選べる。思い出に残る嵐電貸し切り旅が楽しめるだろう。

また、嵐電の車両を利用した「低炭素型集配システム」という取り組みを行っている。この取り組みは、ヤマト運輸と連携し、西院から嵐山で路面電車を使って、荷物を輸送する環境対策システムである。

京福電気鉄道 西院車庫 車両一覧（現役の車両一覧）

形式	番号	製造年	製造所	駆動方式	制御方式	車体形状	備考
モボ301	301	1971	武庫川車両	吊り掛け	抵抗	ボギー	
モボ101	101	1975	武庫川車両	吊り掛け	抵抗	ボギー	
	102	1975	武庫川車両	吊り掛け	抵抗	ボギー	
	103	1975	武庫川車両	吊り掛け	抵抗	ボギー	
	104	1975	武庫川車両	吊り掛け	抵抗	ボギー	
	105	1975	武庫川車両	吊り掛け	抵抗	ボギー	
	106	1975	武庫川車両	吊り掛け	抵抗	ボギー	
モボ501	501	1984	武庫川車両	吊り掛け	抵抗	ボギー	
	502	1984	武庫川車両	吊り掛け	抵抗	ボギー	
モボ611	611	1992	武庫川車両	吊り掛け	抵抗	ボギー	
	612	1992	武庫川車両	吊り掛け	抵抗	ボギー	
	613	1992	武庫川車両	吊り掛け	抵抗	ボギー	
	614	1993	武庫川車両	吊り掛け	抵抗	ボギー	
	615	1993	武庫川車両	吊り掛け	抵抗	ボギー	
	616	1993	武庫川車両	吊り掛け	抵抗	ボギー	
モボ621	621	1990	武庫川車両	吊り掛け	抵抗	ボギー	
	622	1990	武庫川車両	吊り掛け	抵抗	ボギー	
	623	1995	武庫川車両	吊り掛け	抵抗	ボギー	
	624	1995	武庫川車両	吊り掛け	抵抗	ボギー	
	625	1996	武庫川車両	吊り掛け	抵抗	ボギー	
モボ631	631	1995	武庫川車両	吊り掛け	抵抗	ボギー	
	632	1996	武庫川車両	吊り掛け	抵抗	ボギー	
	633	1996	武庫川車両	吊り掛け	抵抗	ボギー	
モボ21	26	1994	武庫川車両	吊り掛け	抵抗	ボギー	
	27	1994	武庫川車両	吊り掛け	抵抗	ボギー	
モボ2001	2001	2000	武庫川車両	カルダン	VVVF	ボギー	
	2002	2001	武庫川車両	カルダン	VVVF	ボギー	
モト1000	1001	1974	武庫川車両	吊り掛け	抵抗	ボギー	

京都市電

　京都は、電気鉄道発祥の地で、1895（明治28）年に京都電気鉄道が、日本初の営業用電気鉄道を開業した。京都市も1912（明治45）年に路面電車を開業し、1918（大正7）年に京都電気鉄道は買収された。

　1960年代の最盛期には、総延長が70kmを超えるほどで、碁盤の目のように整備された道路上を多くの路線が、網の目を張りめぐらすように敷設されていた。昭和30年代には、1日平均約56万人の利用もあったが、急激なモータリゼーションの影響を受け、昭和40年代から順次、路線の廃止が進められ、1978（昭和53）年10月1日に、全路線が廃止された。

東寺の五重塔を見ながら走る1800形　京阪国道口　1978年8月30日

叡山電鉄の線路とクロスする 1900 形　叡電前 1978 年 8 月 30 日

京都の町を走る 1800 形　西大路三条 1978 年 8 月 30 日

環状線と京都駅方面が分岐する　東山七条　1978 年 8 月 30 日

住吉大社の前を走る阪堺線

阪堺電気軌道［阪堺線・上町線］

概要

　大阪府で唯一の路面電車事業者である阪堺電気軌道。2024（令和6）年現在では、阪堺線の恵美須町〜浜寺駅前間（14.0㎞）と、上町線の天王寺駅前〜住吉（4.3㎞）の合計2路線18.3㎞で運行を行っている。

　また、住吉〜浜寺駅前の区間は、上町線が阪堺線に乗り入れる形をとっている。乗り換えの指定停留場は、目的地への最短ルートとなる、我孫子道または住吉となる。

　運賃は、全区間均一で1乗車大人230

円（小人120円）、1日乗車券はスクラッチ式の紙券「全線1日フリー乗車券てくてくきっぷ」大人700円（小人350円）と、スマートフォンで購入するデジタル1日乗車券「阪堺トリップチケット」大人680円（小人340円）があるほか、一部南海バスも乗車することができる「堺おもてなしチケット」が、阪堺拡大版800円、南海バス拡大版600円の2種類発売されている。

　運行間隔は時間帯によって様々であり、特に深夜帯は場所によっては、運行本数が減るので利用には注意が必要だ。乗車方法は均一運賃のため、後扉から

昭和3年生まれのモ161号車

乗車して、運転士のいる前扉から降車する「後ろ乗り前降り方式」。全国の交通系ICカードが使用可能である。またPiTaPa利用者は、登録型割引サービスも行っている。

　軌間は1435mm、使用電圧は600Vで運行されている。沿線は歓楽街から住宅街まで車窓を楽しめる。特に民家をかすめながら走る姿は、非常に印象的で、高須神社の停留場から徒歩約10分のところには鉄砲の生産で有名な「鉄炮鍛冶屋敷」の古い街並みが残る。花田口から徒歩2分には緑豊かなザビエル公園、終点の浜寺駅前からすぐの場所にある浜寺公園は、バラ庭園やミニSLを運行する交通公園など、楽しめるスポットがたくさんある。

　また阪堺電気軌道では、貸し切り電車の運行も請け負っており、料金は運行の

ミナミの新名所「あべのハルカス」を見ながら走る上町線

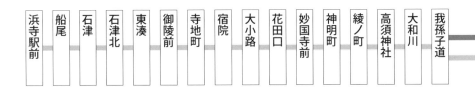

阪堺線

浜寺駅前 ／ 船尾 ／ 石津 ／ 石津北 ／ 東湊 ／ 御陵前 ／ 寺地町 ／ 宿院 ／ 大小路 ／ 花田口 ／ 妙国寺前 ／ 神明町 ／ 綾ノ町 ／ 高須神社 ／ 大和川 ／ 我孫子道

上町線

阪堺電気軌道路線表

路線名	区間	距離	線路形態
阪堺線	恵美須町〜浜寺駅前	14.0km	複線
上町線	天王寺駅前〜住吉	4.3km	複線

行程によって変わるが、例として、天王寺駅前〜浜寺駅前の往復（途中2回ほどのトイレ休憩）であれば、5万5200円で貸し切れる。基本的にモ701形での利用となるが、車内にはテーブルが4台、マイク1本、ゴミ箱やクーラーＢＯＸ（容器のみ）などが備品として利用可能なうえ、飲食もできるので、車内でのパーティーなど思い出作りにお勧めである。

歴史

　阪堺電気軌道は、今から127年前の1897（明治30）年5月26日に設立された、「大阪馬車鉄道株式会社」が前身となる。文字通り馬を使った軌道から始まったのだが、1900（明治33）年9月20日に、天王寺西門前（現在の天王寺駅前）から、東天下茶屋間が開通し、軌道輸送による営業が始まった。

　この路線は今の上町線の歴史の一部となるもので、その後も1902（明治35）年12月27日に下住吉（現在の住吉）まで延伸開業した。

　交通機関が充実してくると、沿線には多くの人が住むようになり、輸送力増強と近代化のために馬車鉄道を廃止し、電車の運転を行うための工事に着手した。工事の最中である1909（明治42）年12月に、南海鉄道に合併。路線の名称が上町線と呼ばれるようになる。

　路線の電化は、南海鉄道が引き継いで実施し、1910（明治43）10月1日、天王寺西門前〜住吉神社前の営業運転が開始された。当時の運賃は、1区間につき3銭だった。さらに1913（大正2）年7月2日に、住吉神社前〜住吉公園間が開業。南海線の住吉公園駅と併設して営業を行うことになり、両者との連絡駅として機能した。

　上町線は1921（大正10）年12月に、天王寺西門前〜天王寺駅前間を大阪市電に譲渡し、現在の路線状態に近い形となった。

　一方、阪堺線は1910（明治43）年3

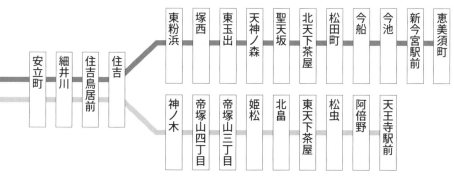

阪堺電気軌道の路線図（安立町・細井川・住吉鳥居前・住吉〜東粉浜・塚西・東玉出・天神ノ森・聖天坂・北天下茶屋・松田町・今船・今池・新今宮駅前・恵美須町／神ノ木・帝塚山四丁目・帝塚山三丁目・姫松・北畠・東天下茶屋・松虫・阿倍野・天王寺駅前）

旧型車の主電動機を流用したモ 351 形

月 8 日に設立された（旧）阪堺電気軌道株式会社が起源である。この時の阪堺電気軌道は、当時の関西経済の先陣を切った実業家、片岡直輝氏らが発起人で、大阪市〜浜寺村間、堺市宿院〜大浜間に、2 路線の電気鉄道路線を建設する目的で設立された。当初の阪堺電気軌道は、現在とは別会社である。

1911（明治 44）年に恵美須町〜大小路間と、翌年の 1912（明治 45）年 3 月 5 日に大小路〜少林寺橋（現在の御陵前）間、さらに同じ年の 4 月 1 日に少林寺橋〜浜寺駅前間が開通し、現在の阪堺線の形となった。

しかし、南海鉄道との旅客誘致競争が激化してしまい、1915（大正 4）年の 6 月 21 日に両者は合併し、南海鉄道が阪堺線と上町線を運行することになった。両線は、それぞれルートは異なるが、現在のような路線形態になったのはこの時となる。

南海鉄道は、1944（昭和 19）年 6 月 1 日に戦時中の企業統合政策によって、現在の近畿日本鉄道（近鉄）の前身となる関西急行鉄道と合併する。しかし、

戦後になると旧南海鉄道路線の分離が 1947（昭和 22）年 6 月 1 日に実施され、高野山電気鉄道に路線を譲渡する形で南海電気鉄道が発足した。

軌道線は、昭和 30 年代になると、地下鉄やバスなどほかの交通機関に乗客を奪われ、経営が悪化した。南海電気鉄道は軌道線の分社を決め、1980（昭和 55）年 12 月 1 日に、現在の阪堺電気軌道となった。

現役車両

阪堺電気軌道の車両は、他地域の路面電車の車両に比べると、ひと回り大きい。車体の長さは、単車であっても 14m と大型で、3 連接車体に関しては 16.3m

左・カルダン駆動で新製されたモ 501 形　右・主力車両となるモ 701 形

とさらに長い。

　また現役車両の中には、我が国におい
て定期運行を行う最古の電車モ 161 形
が 4 両在籍する。一番古い 161 号車は
1928（昭和 3）年製で、ほかの 3 両も、
昭和一桁生まれの電車達で、木造車体に
趣のある車内は、同軌道線で一番人気の
電車である。ただし、冷房がないためモ
161 形は冬期の運行が主体となり、貸し
切り運用に入ることもある。

　モ 351、501 形は南海電気軌道・大阪
軌道線時代に製造された車両で、全金属
製の車体である。当時の木造車体の電
車を淘汰させるために導入され、モ 351
形が 5 両、モ 501 形 5 両が製造された。

　1987（昭和 62）年からは、モ 701 形
が登場。阪堺電気軌道としては初めての
新造車両であり、現在の主力車両でもあ
る。電気指令式ブレーキ、ワンハンドル
マスコンなど、当時としては最新の技術
を取り入れた高性能電車である。11 両
が製造され、前面の大きな窓、角形の灯
火類など、従来の電車に比べて近代化を
漂わす車両と言えるだろう。

　1996（平成 8）年から 1998（平成 10 年）
にかけては、モ 601 形が登場している。

車体そのものは、モ 701 形と同じ新造
車体を架装しているが、床下機器の一部
を廃車発生品から流用しており、現在 7
両が運用されている。

　1001 形は、2013（平成 25）年 8 月
25 日より運行を開始した 3 連接車体の
超低床電車で、現在 3 編成が運用されて
いる。第 1 編成（1001 号車）は、シン
ボルカラーが緑。愛称は「茶ちゃ」と呼
ばれている。第 2 編成（1002 号車）は紫、
愛称を「紫おん」。第 3 編成（1003 号車）
は青、愛称は「青らん」と呼ばれている。

　最新電車の 1101 形は、2020（令和 2）
年 3 月 28 日に登場したばかりの 3 連接
車体の超低床電車。1001 形の増備車両
という位置付けで、基本設計は 1001 形
とほとんど変わらない。

　登場時の外観は、南海電鉄のコーポ
レートカラーであるファインレッドとブラ
イトンオレンジの 2 色を調和させたカラーリ
ングとなっていた。なお、連接車は従来
の単車より車体が長いため、阪堺線の今
池はホームからはみ出してしまうため、住
吉～恵比寿町間に入線することはない。
全車に共通することだが、ほとんどの電
車が広告ラッピングを施されている。

左・一部の機器がモ121形から流用したモ601形　右・「堺トラム」の愛称がある1001形

阪堺電気軌道　我孫子道車庫　車両一覧（現役の車両一覧）

形式	番号	製造年	製造所	駆動方式	制御方式	車体形状	備考
モ161	161	1928	川崎車両	吊り掛け	抵抗	ボギー	
	162	1928	川崎車両	吊り掛け	抵抗	ボギー	
	164	1928	川崎車両	吊り掛け	抵抗	ボギー	
	166	1928	川崎車両	吊り掛け	抵抗	ボギー	
モ351	351	1962	帝國車両	吊り掛け	抵抗	ボギー	
	353	1963	帝國車両	吊り掛け	抵抗	ボギー	
	354	1963	帝國車両	吊り掛け	抵抗	ボギー	
	355	1963	帝國車両	吊り掛け	抵抗	ボギー	
モ501	501	1957	帝國車両	カルダン	抵抗	ボギー	
	502	1957	帝國車両	カルダン	抵抗	ボギー	
	503	1957	帝國車両	カルダン	抵抗	ボギー	
	504	1957	帝國車両	カルダン	抵抗	ボギー	
	505	1957	帝國車両	カルダン	抵抗	ボギー	
モ601	601	1996	東急車輛	カルダン	抵抗	ボギー	
	602	1996	東急車輛	カルダン	抵抗	ボギー	
	603	1996	東急車輛	カルダン	抵抗	ボギー	
	604	1997	東急車輛	カルダン	抵抗	ボギー	
	605	1997	東急車輛	カルダン	抵抗	ボギー	
	606	1997	東急車輛	カルダン	抵抗	ボギー	
	607	1998	東急車輛	カルダン	抵抗	ボギー	
モ701	701	1987	東急車輛	カルダン	抵抗	ボギー	
	702	1988	東急車輛	カルダン	抵抗	ボギー	
	703	1988	東急車輛	カルダン	抵抗	ボギー	
	704	1989	東急車輛	カルダン	抵抗	ボギー	
	705	1990	東急車輛	カルダン	抵抗	ボギー	
	706	1991	東急車輛	カルダン	抵抗	ボギー	
	707	1992	東急車輛	カルダン	抵抗	ボギー	
	708	1993	東急車輛	カルダン	抵抗	ボギー	
	709	1994	東急車輛	カルダン	抵抗	ボギー	
	710	1995	東急車輛	カルダン	抵抗	ボギー	
	711	1995	東急車輛	カルダン	抵抗	ボギー	
1001	1001	2013	アルナ車両	カルダン	VVVF	3車体連接	愛称「堺トラム」
	1002	2014	アルナ車両	カルダン	VVVF	3車体連接	愛称「堺トラム」
	1003	2015	アルナ車両	カルダン	VVVF	3車体連接	愛称「堺トラム」
1101	1101	2020	アルナ車両	カルダン	VVVF	3車体連接	

岡山電気軌道

概要

　岡山県岡山市の中心街を運行する軌道経営者で、JR岡山駅の南側から南方に、2系統（東山線・清輝橋線）がある。沿線には日本三大名園の一つに数えられている後楽園などもあり、地元の足のみならず、シーズンには、数多くの観光客の利用もある。

　運行距離は東山線（岡山駅前～柳川～東山）3.1km（所要時間約17分）、清輝橋線（柳川～清輝橋）1.6km（所要時間

約12分）と軌道事業の中で最も小規模であり、両線の電車ともに、岡山駅前から（日中は約8分～15分程度の間隔で）運転する運行形態をとっている。軌間は1067mmで、使用電圧は600V。

　運賃はエリア別に異なっており、岡山駅前～県庁通り、又は郵便局前が大人120（小人60円）。それ以遠は大人140円（小人70円）に設定されている。交通系ICカードも利用することができる。沿線観光に便利な1日乗車券が、大人400円（小人200円）で販売されている。

岡山駅を背景に岡山駅前停留場に並ぶ1系統と2系統

2車体連接の9200形「MOMO」

乗り降りは、後乗り前降り方式で、運賃は、降車時に運賃箱へ支払う。（始発の電停では、全ての扉から乗車可能・交通系ICカードと両備グループが発行するハレカも利用可能。）

　岡山市街は多くの路線バス事業者も運行されており、それらと組み合わせながら利用すれば、充実した移動手段となる。ちなみに岡山城へは、城下電停で降りるのが最寄りである。岡山駅前からここまでは、所要時間約5分。運賃は大人120円である。電車内から岡山城を眺めることは難しいが、電車を降りて周辺を散策すれば、林原美術館、岡山市立のオリエント美術館なども近くにあり、岡山城を取り巻く地元カルチャーを楽しむことも可能だ。

　最近では、超低床電車の運行や、デザインに工夫を凝らした様々な電車が運行

されているが、中でも「おかでんチャギントン」は、テレビアニメに登場する電車が路面電車で再現されており、土休日を中心に運行されていて、子供たちに大人気だ。

　車内では子供向けのイベントが行われ、終点の東山に隣接されている「おかでんミュージアム」も楽しめる。この施設の開設に伴い東山電停は、2017（平成29）年から「東山・おかでんミュージアム駅」に改称した。岡山電気軌道は岡山県でも有数の輸送系企業である「両備グループ」の中核企業で、軌道事業のほか、路線バス、タクシー事業も行っている。

歴史

　岡山電気軌道は、1910（明治43）年に創業以来、一度も社名を変更したこと

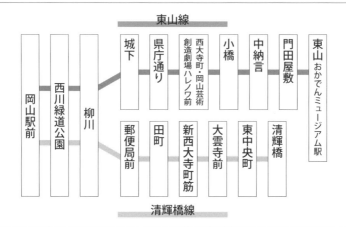

東山線

清輝橋線

岡山駅前 ― 西川緑道公園 ― 柳川

東山線（上段）：城下 ― 県庁通り ― 西大寺町・岡山芸術創造劇場ハレノワ前 ― 小橋 ― 中納言 ― 門田屋敷 ― 東山 おかでんミュージアム駅

清輝橋線（下段）：郵便局前 ― 田町 ― 新西大寺町筋 ― 大雲寺前 ― 東中央町 ― 清輝橋

岡山電気軌道系統表

系統番号	系統名	区間
1	東山線	岡山駅前〜東山
2	清輝橋線	岡山駅前〜清輝橋

岡山電気軌道路線表

路線名	区間	距離	線路形態
東山線	岡山駅前〜東山	3.1km	複線
清輝橋線	柳川〜清輝橋	1.6km	複線

上左・元東武日光軌道の 3000 形 3007 号「KURO」
上右・7000 形 7001 号の「TAMA」電車

清輝橋停留場に停車中の 7900 形 8202

台車や床下機器を新製した7400形

がない。それゆえに、岡山市民にとって、最も親しみがある企業の一つと言っても過言ではないだろう。運行されている車両も、旧式のいわゆる路面電車から最新の超低床電車、イベント用の楽しい観光型列車まで運行されており、その長い歴史を象徴していると言える。

1912（明治45）年5月5日に、現在の東山線の一部である駅前〜内山下分岐間（現在の城下交差点付近）と、1968（昭和43）年5月31日に廃止となった番長線の一部、内山下分岐〜後楽園口が開業した。さらに6月1日には城下〜西大寺町間でも電車の運行が開始された。こちらも現在の東山線の一部で、東山まで開業したのは1923（大正12）年7月9日のことだった。

当時は岡山駅に乗り入れる山陽本線は電化されておらず、岡山市民にとって、岡電が初めての「電車」ということになる。ちなみに清輝橋線は、昭和に入った1928（昭和3）年3月18日に、柳川線として東山線と分岐する柳川〜大雲寺町（現在の大雲寺前）間が開業。

その後、1946（昭和21）年9月6日に清輝橋まで延伸された際に「清輝橋線」と路線名を改名した。経済高度成長期には3本の路線で運行されており、廃線になった番長線（0.9km）を含めると全線で5.6kmだった。

1970（昭和45）年には全線でワンマン化が行われ、平成に入った1991（平成3）年7月1日に、全国初の女性路面電車運転士が誕生した。2020（令和2）年3月13日には、現在はJR岡山駅までやや離れた場所にある岡山駅前の停留

岡山電気軌道

場から、岡山駅前広場まで延伸し、直接
路面電車の乗り入れをすることが発表さ
れ、現在事業化に向けて工事に着手され
ている。

1993年生まれの7900形の8301号

現役車両

　現在、最古参で運行されているのは
3000形。元々は、東武鉄道の日光軌道
線で使用されていた車両で、1953（昭
和28）に10両製造された。日光軌道
線が1968（昭和43）年に廃止され、10
両すべてが譲渡された。
　当時の岡山電気軌道は、2軸の小型
電車が現役で、3000形はそれらの置き
換えのために導入されたわけだ。現在
3000形は、2両まで数を減らしてしまっ
たが、3005号車は日光軌道線の塗装に
復元され、3007号車は岡山城に合わせ
て真っ黒な塗装が施された「KURO」と
して、定期運行のほかイベント用として
も運行されている。
　7000形は、1980（昭和55）年に登場
した岡山初の冷房装置を搭載した車両。
車体は新たに新製したオリジナルだが、
台車や床下機器は、旧呉市電の車両から
流用したものである。
　翌年の1981（昭和56）年からは7100
形、7200形、7300形と登場し、車体は
同一としているが、7000形と同様、床
下機器などは廃車流用品となっている。
形式が微妙に違うのは、製造年と流用し
た旧部品からの違いによるものである。

（7100形が秋田市電、7200形が大分交
通など。）
　1984（昭和59）年と1985（昭和60）
年からは、台車や床下機器も新製した
7400形と7500形が登場した。7600形
と7700形は、1986（昭和61）年と
1987（昭和62）年に1両ずつ製造され
た形式で、旧型車両を置き換える目的で
導入された。車体のデザインは7000形
を基本としつつも、マイナーチェンジが行
われ、より近代的なイメージになった。さ
らに1989（平成元）年〜1995（平成7）
年までは、7900形が5両登場した。7000
形系列は合計17両が運行されている。
　9200形は、国内のメーカーで製作さ
れた本格的な超低床電車で、2002（平
成14）年に第1編成となる9201号車
が登場した。2連節車体を持つ電車で、
登場以降、岡山電気軌道の顔となり、
2011（平成23）年に第2編成の1011
号車、2018（平成30）年には第3編成
の1081号車が導入された。なお、1081
号車はアニメ「チャギントン」のイメー
ジに改造した車体で運行され、観光列車
として人気を集めている。

1991 年製造の 7900 形の 8101 号

岡山電気軌道　東山車庫　車両一覧（現役の車両一覧）

形式	番号	製造年	製造所	駆動方式	制御方式	車体形状	備考
3000	3005	1953	宇都宮車両	吊り掛け	抵抗	ボギー	元東武日光軌道 110
	3007	1953	宇都宮車両	吊り掛け	抵抗	ボギー	元東武日光軌道 108 愛称「KURO」
7000	7001	1980	アルナ工機	吊り掛け	抵抗	ボギー	2代目「たま電車」
	7002	1980	アルナ工機	吊り掛け	抵抗	ボギー	
7100	7101	1981	アルナ工機	吊り掛け	抵抗	ボギー	初代「たま電車」
	7102	1981	アルナ工機	吊り掛け	抵抗	ボギー	
7200	7201	1982	アルナ工機	吊り掛け	抵抗	ボギー	
	7202	1982	アルナ工機	吊り掛け	抵抗	ボギー	
7300	7301	1983	アルナ工機	吊り掛け	抵抗	ボギー	
	7302	1983	アルナ工機	吊り掛け	抵抗	ボギー	
7400	7401	1984	アルナ工機	吊り掛け	抵抗	ボギー	
7500	7501	1985	アルナ工機	吊り掛け	抵抗	ボギー	
7600	7601	1986	アルナ工機	吊り掛け	抵抗	ボギー	
7700	7701	1987	アルナ工機	吊り掛け	抵抗	ボギー	
7900	7901	1989	アルナ工機	吊り掛け	抵抗	ボギー	
	8101	1991	アルナ工機	吊り掛け	抵抗	ボギー	
	8201	1992	アルナ工機	吊り掛け	抵抗	ボギー	
	8301	1993	アルナ工機	吊り掛け	抵抗	ボギー	
	8501	1995	アルナ工機	吊り掛け	抵抗	ボギー	
9200	9201AB	2002	新潟鐵工所	カルダン	VVVF	2車体連接	愛称「MOMO」
	1011AB	2011	新潟トランシス	カルダン	VVVF	2車体連接	愛称「MOMO 2」
	1081AB	2018	新潟トランシス	カルダン	VVVF	2車体連接	チャギントン電車

広島電鉄

概要

　広島電鉄は軌道線 6 路線（本線・宇品線・江波線・横川線・皆実線・白島線）の 19.0㎞と、鉄道線 1 線（宮島線）16.1㎞の合計 35.1㎞からなる。線路幅は 1435㎜、使用電圧は 600V を使用している。

　鉄道線として運行している宮島線の車両は、軌道線との相互直通運転を行っているため、軌道線の規格に合わせているが、単車（1 両編成）は宮島線に乗り入れず、LRV などの連接車両のみが、宮島線に乗り入れ運行されている。

　6 路線の軌道線は、路線を跨いでの運行が多く、9 通りの系統が存在する。

　本線は広島駅～八丁堀～十日市町～西広島駅を結ぶ路線。その先の宮島方面へは宮島線の直通となる。広島電鉄の軌道路線全てがこの本線のどこかを経由し、他の路線に直通している。

　宇品線は、本線と分岐する紙屋町西停留場と紙屋町東停留場～千田車庫（広電本社前）を経由し、広島港停留場へ向かう路線である。広島電鉄の本社に隣接する千田車庫では、車庫のヤードを一望できる「電車見望台（でんしゃみほうだい）」が設置されており、柵の外側から車庫の見学ができるようになっている。

　江波線は、本線の土橋停留場から分岐し、舟入本町停留場を経由して、江波車庫に至る路線で、周辺に学校が多いことから通学利用が多い。

　横川線は、本線の十日市町停留場から分岐して、横川新橋、横川駅停留場に至る。大正時代に開業した古い路線で、JR横川駅と路面電車、バス乗り場を連続的に屋根で覆っている。ここは、1905（明治 38）年に、日本で最初の国産乗合バスを運行した地でもあり、復元したレトロなバスが展示されている。

　皆実線は、本線の的場町停留場から分岐して皆実町六丁目停留場に至る路線で、そこから宇品線に接続している。皆実線を通る大半の電車は、本線と宇品線に直通しているのでバイパス的な機能を担っている。

　白島線は、本線の八丁堀停留場から分岐し、白島停留場に至る路線。本線と同時期に開業している路線で、古い路線の一つである。車庫との入出庫以外は、本線との直通運転は設定されておらず、白島線内で完結する運用が多い。

　最後に宮島線。他の路線は併用軌道を走る軌道法で運行しているが、宮島線だけは、専用軌道を走る鉄道法で運行されている。本線から分岐する広電西広島駅から井口（いのくち）駅などを経由して、広電宮島口駅に至る路線で、他の路線が大人 220 円 (小人 110 円) の均一制運賃(

広島市内を車と共に走る700形。路面電車らしい光景だ

白島線のみ乗車の場合は大人160円・
小人80円）であることに対して、宮島線
は対キロ区間制運賃が導入されている。

　車両は5連接車体を筆頭に3連接や
単車と他の路面電車を比べると、大容量
の輸送力を持っている。

　乗降方法は、単車と連接車の構造の違
いによって、乗車扉が異なる。単車の場
合は、後ろ乗り前降り後払い方式だが、
連接車は一部を除きツーマンで運行され
ているため、降車は運転士のいる前と、
車掌がいる後ろで行い、乗車はそれ以外
の扉から可能である。最近ではICカー
ド利用者に限り、全扉で乗降が可能な場
合もあるので、初めて利用する人は少し
戸惑うかもしれない。あらかじめ調べて

から利用する方が良いだろう。

　料金の支払いには、全国的に使用でき
る交通系ICカードが可能なほか、観光
散策でお得に利用できる電車1日乗車
券、大人700円（小人350円）と、宮
島への連絡船乗船券が含まれている一日
乗車乗船券、大人1000円（小人550円）
も販売している。

　広島電鉄の各路線には広島を代表する
名所が数多くある。中でも、日本人とし
て忘れてはならない存在が「広島平和記
念公園」（原爆ドーム・平和記念資料館・
原爆死没者慰霊碑）ではないだろうか。
最寄りはその名の通り、原爆ドーム前停
留場（本線）だ。日本三景の「安芸の宮
島」も、広電宮島口駅（宮島線）で連絡

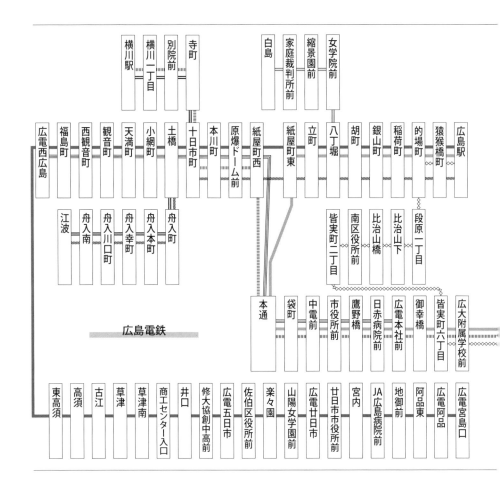

船が接続している。

歴史

　現在の広島電鉄の前身である広島電気軌道が設立されたのは、1910（明治43）年。広島城・外堀の埋め立てに伴い、その埋め立て場所に路面電車を運行させようと、複数の企業が軌道建設申請を出願したが、最終的に「広島電気軌道」が軌道敷設の許可を得ることとなった。

　1911（明治44）年に、第1期工事を開始した。翌1912（大正元年）年11月23日、広島駅〜相生橋間、紙屋町〜御幸橋間と八丁堀〜白島間が開業した。開業に向けては100形電車を50両導入し、軌道や河川の橋梁（軌道専用）が6本建設された。

　初日は天気が良くなかったが、大勢の人で賑わったという記録が残っている。その年の12月8日には、相生橋〜己斐間も開通し、1915（大正4）年の4月に

広島電鉄路線表

路線名	区間	距離	線路形態
本線	広島駅〜広電西広島	5.4km	複線
宇品線	紙屋町〜広島港	5.9km	複線
皆実線	的場町〜皆実町六丁目	2.5km	複線
横川線	十日市町〜横川駅	1.4km	複線
江波線	土橋〜江波	2.6km	複線
白島線	八丁堀〜白島	1.2km	複線
宮島線（鉄道線）	広電西広島〜広電宮島口	16.1km	複線

━━ 1系統［広島駅〜紙屋町東〜広島港］
━━ 2系統［広島駅〜広電西広島〜広電宮島口］
═══ 3系統［広電西広島〜広電本社前］
∞∞ 5系統［広島駅〜比治山下〜広島港］
〰〰 6系統［広島駅〜江波］
‖‖‖‖‖ 7系統［横川駅〜広島港］
━━ 8系統［横川駅〜江波］

※9系統は朝・夜のみ江波〜白島間の運行がある

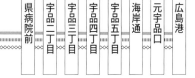

は御幸橋東詰から宇品間（現在の宇品線）が開通した。

1917（大正6）年8月には現在の広島ガスと合併し、社名を「広島瓦斯電軌」とし、経営状態の強化を図った。その年の11月1日には、左官町（現在の本川町）〜十日市町〜横川間を単線の専用線で開業した。

広島市が制定した都市計画も、軌道線にそって幹線道路が整備されることになり、1935（昭和10）年12月27日に、宇品線を現行経路にするため複線に切り替え、本線の広島駅〜稲荷町間、横川線も都市計画道路の建設に伴って、併用軌道となった。

一方、宮島線は鉄道線として、1922（大正11）年8月22日に己斐〜草津間の第1期区間が開業。その後は延伸を繰り返し、1926（大正15）年7月15日には、新宮島（現在の地御前〜阿品間）まで開業した。新宮島からは連絡船「宮島丸」を運航し、広島市内と宮島が繋がった。しかし、そこから先の新宮島〜電車宮島口（現在の広電宮島口）までは、海岸を埋め立てて工事を行うため、相当な時間を要し、1931（昭和6）年2月1日に、ようやく全線が開通した。

1941（昭和16）年に太平洋戦争が始まり、当時の政府の方針で交通事業の分離が行われ、翌4月10日に現在の広島電鉄が設立された。戦争が長引くにつれ、軍事工場などへ向かう工員輸送を目的に、1943（昭和18）年から翌年にかけ江波線が開通、軍港の宇品への兵員輸送用に、1944（昭和19）年に皆実線も開通した。

この頃になると、男性職員の出征で人

手不足となり、1943（昭和18）年4月には広島電鉄家政女学校を新設し、生徒は学業とともに、電車・バスの車掌や運転士などに従事させた。

そして、1945（昭和20）年8月6日8時15分、アメリカ軍によって「原子爆弾」が、広島市内に投下された。広島市内にあった本社ビル、当時運行していた電車、そして職員、市民。言葉にはできないほどの甚大な被害が出てしまった。（社員185名が殉職、266名が負傷、電車は123両中108両が被災）。

だが、戦時中ということもあり、広島市民と軍当局の協働により、3日後の8月9日には、己斐～天満町間で電車の運行を復旧した。このことは、沿線の広島市民にとって、非常に勇気づけられた出来事であり、また広島市民と広島電鉄との絆が、より一層深まった証として、現在でも語り継がれている。

その他の路線の復旧も着実に進み、1952（昭和27）年6月10日、白島線の復旧によって、全線の運転が再開となった。復興が一段落してくると、新型電車の導入や、1958（昭和33）年4月から宮島線と軌道（市内）線との直通運転を開始。（当時は、団体臨時列車のみ。定期運用化したのは、1962（昭和37）年1月から。）

高度経済成長期に入ると、自動車の数が増え、モータリゼーション時代に突入した。すでに経営状態が良くなかったことから、路面電車を廃止し、地下鉄への

移行も考えた時期であった。

しかし、建設には多額の費用や時間がかかることを理由に、路面電車の運行を継続した。海外で視察を行い、路面電車の可能性を信じて、経営の立て直しを図ることとなった。一時期は、軌道内への自動車の乗り入れを許可していたが、再び禁止とし、電車の円滑な運行を確保した。路面電車を廃止した大阪や京都などから中古の車両を導入し、体制の強化を図り、ワンマンカーの導入により合理化も行った。

1980年代に入って来ると、電車や設備の近代化が始まり、1980（昭和55）年には、軽快電車3500形を導入するなど、この頃から電車設備の近代化を始め、利用者も増えていった。

1999（平成11）年には、ドイツのメーカー「シーメンス」が製造した低床連接車両「5000形」を導入。バリアフリーの向上と輸送力の強化を行なった。

これが好評だったため、国内の3つのメーカーが共同設計を行い、国産の連接低床車両「5100形」を誕生させるに至った。

広島電鉄は、21世紀に入った現在でも、路面電車を運行する最大規模の軌道経営者として、広島市民の足となり、日々運行を続けている。

現役車両

路面電車の中で広い営業距離を持つ広島電鉄は、現役の車両数、車種に関して

紙屋町の交差点を走る広電。交差点を走るのが宇品線で、横切る線路が本線

もトップクラスと言えるだろう。まず、紹介するのは650形。1942（昭和17）年に製造された半鋼製車体のボギー車両で、5両が製造された。650形は別名「被爆電車」と呼ばれており、1945（昭和20）年8月6日に広島市内中心部に投下された原子爆弾の被害に遭っている。現在運行されている651号車は、中電前停留場付近を走行中に被爆しており、爆風により脱線し半焼したが、翌年までに修繕が完了し、現役復帰している。そのほか、652号車と653号車も現在運行されているが、ラッシュ時間帯の限定や、イベントなどの貸切電車として使用している。

350形は1958（昭和33）年に3両が製造された車両で、登場当初は850形を名乗っていた。軌道用車両であったが、鉄道線である宮島線への直通運転用として開発されたため、設計上は最高速度が60㎞となっていた。しかし、高速運転に対応する制動力に不安定要素が残り、市内（軌道）線専用となった。形式も350形に改められた。現在は352号

車のみ健在である。

750形は1965（昭和40）年に登場した車両だが、元々は大阪市交通局で運行されていた。広島電鉄に導入された経緯は、当時2軸単車の運用が多く、輸送力が不足していたことからで、それらを置き換えるために全部で22両が譲渡された。定期運用としては、現在は762号車のみ運行されているが、この車両に関しては、大阪大空襲時の被災車両である（768号はTRAINROUGE）。

900形は1969（昭和44）年に導入された。750形と同様に、大阪市交通局で運行されていた車両である。普通鋼製車体で、客室窓の上部がHゴムで処理されているスタイルは、俗にいう「バス窓」という形状をしていた。現在は913号車のみ運用されている。

1971（昭和46）年に導入した570形は、元神戸市交通局で運行されていた車両である。全部で17両が導入され、そのうち582号車が、唯一の現役車両として運行を続けている。ダークグリーンの外装は神戸市営時代そのままで、選挙期間

にはキャンペーン花電車として、市内を走行する。

1150形も、神戸市交通局で運行されていた形式で、1971（昭和46）年に導入。全部で7両が移籍してきたが、現在は1156号車のみ、現役で運行中である。600形は、1977（昭和52）年に西鉄北九州線から移籍してきた車両。現役で残るのは、3両のうち1両（602号車）のみで、塗装は西鉄時代のまま運行されている。

1900形は、京都市交通局で運行されていた形式で、1978（昭和53）年に15両を導入。全車が現役で運行している。前照灯が窓上の左右に2箇所（2灯）あり、他車に比べて特徴的なデザインをしている。塗装は、京都市交通局時代を彷彿させるデザインで、京都市交通局の局章も入っているままだ。車両数を見ると、単車の中でも最大勢力の形式である。

これまで旧形式の車両は、他事業者で運用されていて、広島電鉄に導入されてきたが、その多くが、元々活躍していた場所のカラーリングのままで運行されている。観光客などから、「動く電車の博物館」と呼ばれ人気を博している。オリジナルの姿を大切にするために、あえてそのままの状態で運行しているようだ。

700形は、広島電鉄で新製された単車のボギー車で、1982（昭和57）年から1985（昭和60）年にかけて11両が登場した。当時流行だった軽快電車のスタイルで、前面は大きな窓が1枚。従来の

広島電鉄の単車のイメージから脱した、モダンなスタイルとなった。

800形は1983（昭和58）年に登場した車両で、700形の軽快電車のスタイルを受け継ぎながらも、回生ブレーキ付きの電機子チョッパ制御などを搭載し、技術面が向上している。現在は、VVFインバータ制御に更新が進められており、14両全てが現役で運行されている。

利用者数も多い広島電鉄は、車体を繋いで輸送力を確保するため、連接車両を多く保有している。特に鉄道線である「宮島線」は、地元民にとってなくてはならない路線である。並行しているJR山陽本線よりも運行本数が多く、利用者も多い。

1976（昭和51）年に導入されたのは元々は、連接構造の全金属製車体である3000形で、西鉄福岡市内線で活躍していたが、転属後、宮島線での直通運用を機に、2連接車体の姿から、3連接車体へと改造され、8編成が活躍した。広島電鉄初めての3連接車両として、宮島線の主力として運用されたが、新型車両の登場により、軌道線専用の車両となった。現在は、3003号車1編成のみ運行されている。

3100形（ぐりーんらいなー）は、2500形2連接車体を3連接車体に改造したことによって誕生した形式で、1985（昭和60）年から登場し3編成が運用されている。

3700形（ぐりーんらいなー）は、1984（昭和59）年に登場した3連接全

金属製車体である。正面に配置された大きな窓は、スタイリッシュなデザインで、広電のイメージを大きく変えるものとなった。現在は5編成が運行されている。

3800形（ぐりーんらいなー）は、1987（昭和62）年に登場した3連接全金属製車体で、制御装置はVVVFインバータ制御を採用するなど、近代化が進んでいる。9編成活躍しているが、製造年によって、ライトの形状など若干の設計変更が行われており、細かく見れば見るほど、興味の沸く形式である。

3900形（ぐりーんらいなー）は、1990（平成2）年に登場した3連接全金属製車体を持つ車両で、3800形のマイナーチェンジが図られた形式である。モーターの出力などが上げられたことで、乗り心地が改善されている。1997（平成9）年に登場した3950形（GREEN LINER）は、さらに3900形をマイナーチェンジした形式で、性能的なものは変わらずだが、外装の塗装や前面のライト部分などのデザインが大きく変わった。6編成が活躍中である。

5000形（GREEN MOVER）は、1999（平成11）年に登場した5連接アルミニウム合金製車体の車両で、ドイツのシーメンス社で12編成が製造された。車内床部分が100%超低床になっており、同社のバリアフリーに特化した初の形式である。

5100形（Green mover max）は、2004（平成16）年に登場した5連接車体の超低床車両。5000形で好評を得たことから、国産（近畿車輌、三菱重工業、東洋電機製造）で開発された。10編成が導入されており、現在も全ての編成が運行されている。

5200形（Green mover APEX）は、2019（平成31）年に登場した5連接車体の超低床車両。5100形より定員を増やしたほか、車内設備（多言語対応車内案内表示器）などが追加されている。9編成が導入されて運行している。

1000形は3連接車体の超低床車両で、軌道線（市内線）の運行を目的に、2013（平成25）年に登場した車両である。今まで連接の低床車両の入らなかった路線（白島線と横川駅〜江波間）にも入線することが可能な車両として、開発された。1000形の登場により、広島電鉄のすべての路線に、連接の超低床電車が行き交うようになった。

このほか、イベントなどで運行される車両として、150形を大正時代の姿に改造した100形、1925（大正14）年製造で、被爆電車になった150形156号、広島市と姉妹都市であるドイツ北部のハノーバー市より寄贈された200形238号、750形768号の車内にカウンターテーブルなどを設置し、飲食を提供できる「TRAIN ROUGE（トラン・ルージュ）」。花電車として使用される電動貨車の貨50形51号などが在籍する。

現在150形は運用されないが、そのほかの車両はイベント時や貸切などで年に数回運行されている。

広島電鉄　千田車庫　荒手車庫　江波車庫　車両一覧（現役の車両一覧）

形式	番号	製造年	製造所	駆動方式	制御方式	車体形状	備考
100	101	1984	大阪車輛工業	吊り掛け	抵抗	単車	復元車旧 157 号機器流用　愛称「大正形電車」
150	156	1925	梅鉢鉄工所	吊り掛け	抵抗	単車	被爆電車
200	238	1928	デュワグ社	吊り掛け	抵抗	単車	元ハノーバー市電
350	352	1958	ナニワ工機	吊り掛け	抵抗	ボギー	旧 852 号
570	582	1960	大阪車輛工業	吊り掛け	抵抗	ボギー	元神戸市電 591 号
600	602	1948	汽車製造	吊り掛け	抵抗	ボギー	元西鉄 502 号
	651	1942	木南車輛	吊り掛け	抵抗	ボギー	被爆電車
	652	1942	木南車輛	吊り掛け	抵抗	ボギー	被爆電車
	653	1942	木南車輛	吊り掛け	抵抗	ボギー	被爆電車
700	701	1982	アルナ工機	吊り掛け	抵抗	ボギー	
	702	1982	アルナ工機	吊り掛け	抵抗	ボギー	
	703	1982	アルナ工機	吊り掛け	抵抗	ボギー	
	704	1982	アルナ工機	吊り掛け	抵抗	ボギー	
	705	1983	アルナ工機	吊り掛け	抵抗	ボギー	
	706	1983	アルナ工機	吊り掛け	抵抗	ボギー	
	707	1983	アルナ工機	吊り掛け	抵抗	ボギー	
	711	1985	アルナ工機	カルダン	抵抗	ボギー	
	712	1985	アルナ工機	カルダン	抵抗	ボギー	
	713	1985	アルナ工機	カルダン	抵抗	ボギー	
	714	1985	アルナ工機	カルダン	抵抗	ボギー	
750	762	1940	木南車輛	吊り掛け	抵抗	ボギー	元大阪市 1652 号
	768	1950	富士車輛	吊り掛け	抵抗	ボギー	元大阪市 1827 号　「TRAIN ROUGE」
800	801	1983	アルナ工機	カルダン	電機子チョッパ	ボギー	
	802	1983	アルナ工機	カルダン	電機子チョッパ	ボギー	
	803	1987	アルナ工機	カルダン	電機子チョッパ	ボギー	
	804	1987	アルナ工機	カルダン	電機子チョッパ	ボギー	
	805	1990	アルナ工機	カルダン	VVVF	ボギー	
	806	1990	アルナ工機	カルダン	VVVF	ボギー	
	807	1990	アルナ工機	カルダン	VVVF	ボギー	
	808	1990	アルナ工機	カルダン	VVVF	ボギー	
	809	1992	アルナ工機	カルダン	VVVF	ボギー	
	810	1992	アルナ工機	カルダン	VVVF	ボギー	
	811	1992	アルナ工機	カルダン	電機子チョッパ	ボギー	
	812	1992	アルナ工機	カルダン	電機子チョッパ	ボギー	
	813	1997	アルナ工機	カルダン	電機子チョッパ	ボギー	
	814	1997	アルナ工機	カルダン	電機子チョッパ	ボギー	
900	913	1957	大阪車輛工業	吊り掛け	抵抗	ボギー	元大阪市 2638 号
1150	1156	1956	川崎車両	吊り掛け	抵抗	ボギー	元神戸市電 1156 号
1900	1901	1957	ナニワ工機	吊り掛け	抵抗	ボギー	元京都市電 1916「東山」
	1902	1957	ナニワ工機	吊り掛け	抵抗	ボギー	元京都市電 1917「桃山」
	1903	1957	ナニワ工機	吊り掛け	抵抗	ボギー	元京都市電 1918「舞妓」
	1904	1957	ナニワ工機	吊り掛け	抵抗	ボギー	元京都市電 1919「かも川」
	1905	1957	ナニワ工機	吊り掛け	抵抗	ボギー	元京都市電 1920「比叡」
	1906	1957	ナニワ工機	吊り掛け	抵抗	ボギー	元京都市電 1921「西陣」
	1907	1957	ナニワ工機	吊り掛け	抵抗	ボギー	元京都市電 1923「銀閣」
	1908	1957	ナニワ工機	吊り掛け	抵抗	ボギー	元京都市電 1924「嵐山」
	1909	1957	ナニワ工機	吊り掛け	抵抗	ボギー	元京都市電 1925「清水」
	1910	1957	ナニワ工機	吊り掛け	抵抗	ボギー	元京都市電 1926「金閣」
	1911	1957	ナニワ工機	吊り掛け	抵抗	ボギー	元京都市電 1927「祇園」
	1912	1957	ナニワ工機	吊り掛け	抵抗	ボギー	元京都市電 1928「大文字」

形式	番号	製造年	製造所	駆動方式	制御方式	車体形状	備考
1900	1913	1957	ナニワ工機	吊り掛け	抵抗	ボギー	元京都市電 1929「嵯峨野」
	1914	1957	ナニワ工機	吊り掛け	抵抗	ボギー	元京都市電 1930「平安」
	1915	1957	ナニワ工機	吊り掛け	抵抗	ボギー	元京都市電 1931「鞍馬」
2000	2004-2005	1962	自社工場	吊り掛け	抵抗	2両連結	
3000	3003ACB	1962	日立製作所	吊り掛け	抵抗	3 車体連接	元西鉄 1206A-1206B-1203A
3100	3101ACB	1961・1964	ナニワ工機・自社工場	吊り掛け	抵抗	3 車体連接	愛称「ぐりーんらいなー」
	3102ACB	1961・1964	ナニワ工機・自社工場	吊り掛け	抵抗	3 車体連接	愛称「ぐりーんらいなー」
	3103ACB	1964	自社工場	吊り掛け	抵抗	3 車体連接	愛称「ぐりーんらいなー」
3500	3501ACB	1980	川崎重工・アルナ工機	カルダン	電機子チョッパ	3 車体連接	
3700	3701ACB	1984	アルナ工機	カルダン	抵抗	3 車体連接	愛称「ぐりーんらいなー」
	3702ACB	1985	アルナ工機	カルダン	抵抗	3 車体連接	愛称「ぐりーんらいなー」
	3703ACB	1986	アルナ工機	カルダン	抵抗	3 車体連接	愛称「ぐりーんらいなー」
	3704ACB	1987	アルナ工機	カルダン	抵抗	3 車体連接	愛称「ぐりーんらいなー」
	3705ACB	1987	アルナ工機	カルダン	抵抗	3 車体連接	愛称「ぐりーんらいなー」
3800	3801ACB	1987	アルナ工機	カルダン	VVVF	3 車体連接	愛称「ぐりーんらいなー」
	3802ACB	1987	アルナ工機	カルダン	VVVF	3 車体連接	愛称「ぐりーんらいなー」
	3803ACB	1987	アルナ工機	カルダン	VVVF	3 車体連接	愛称「ぐりーんらいなー」
	3804ACB	1988	アルナ工機	カルダン	VVVF	3 車体連接	愛称「ぐりーんらいなー」
	3805ACB	1988	アルナ工機	カルダン	VVVF	3 車体連接	愛称「ぐりーんらいなー」
	3806ACB	1989	アルナ工機	カルダン	VVVF	3 車体連接	愛称「ぐりーんらいなー」
	3807ACB	1989	アルナ工機	カルダン	VVVF	3 車体連接	愛称「ぐりーんらいなー」
	3808ACB	1989	アルナ工機	カルダン	VVVF	3 車体連接	愛称「ぐりーんらいなー」
	3809ACB	1989	アルナ工機	カルダン	VVVF	3 車体連接	愛称「ぐりーんらいなー」
3900	3901ACB	1990	アルナ工機	カルダン	VVVF	3 車体連接	愛称「ぐりーんらいなー」
	3902ACB	1990	アルナ工機	カルダン	VVVF	3 車体連接	愛称「ぐりーんらいなー」
	3903ACB	1991	アルナ工機	カルダン	VVVF	3 車体連接	愛称「ぐりーんらいなー」
	3904ACB	1992	アルナ工機	カルダン	VVVF	3 車体連接	愛称「ぐりーんらいなー」
	3905ACB	1992	アルナ工機	カルダン	VVVF	3 車体連接	愛称「ぐりーんらいなー」
	3906ACB	1995	アルナ工機	カルダン	VVVF	3 車体連接	愛称「ぐりーんらいなー」
	3907ACB	1996	アルナ工機	カルダン	VVVF	3 車体連接	愛称「ぐりーんらいなー」
	3908ACB	1996	アルナ工機	カルダン	VVVF	3 車体連接	愛称「ぐりーんらいなー」
3950	3951ACB	1997	アルナ工機	カルダン	VVVF	3 車体連接	愛称「GREEN LINER」
	3952ACB	1997	アルナ工機	カルダン	VVVF	3 車体連接	愛称「GREEN LINER」
	3953ACB	1998	アルナ工機	カルダン	VVVF	3 車体連接	愛称「GREEN LINER」
	3954ACB	1998	アルナ工機	カルダン	VVVF	3 車体連接	愛称「GREEN LINER」
	3955ACB	1998	アルナ工機	カルダン	VVVF	3 車体連接	愛称「GREEN LINER」
	3956ACB	1998	アルナ工機	カルダン	VVVF	3 車体連接	愛称「GREEN LINER」
5000	5001ACEDB	1999	シーメンス・アルナ工機	カルダン	VVVF	5 車体連接	愛称「GREEN MOVER」
	5002ACEDB	1999	シーメンス・アルナ工機	カルダン	VVVF	5 車体連接	愛称「GREEN MOVER」
	5003ACEDB	1999	シーメンス・アルナ工機	カルダン	VVVF	5 車体連接	愛称「GREEN MOVER」
	5004ACEDB	1999	シーメンス・アルナ工機	カルダン	VVVF	5 車体連接	愛称「GREEN MOVER」」
	5005ACEDB	2001	シーメンス・アルナ工機	カルダン	VVVF	5 車体連接	愛称「GREEN MOVER」

形式	番号	製造年	製造所	駆動方式	制御方式	車体形状	備考
5000	5006ACEDB	2001	シーメンス・アルナ工機	カルダン	VVVF	5車体連接	愛称「GREEN MOVER」
	5007ACEDB	2001	シーメンス・アルナ工機	カルダン	VVVF	5車体連接	愛称「GREEN MOVER」
	5008ACEDB	2001	シーメンス・アルナ工機	カルダン	VVVF	5車体連接	愛称「GREEN MOVER」
	5009ACEDB	2002	シーメンス・アルナ工機	カルダン	VVVF	5車体連接	愛称「GREEN MOVER」
	5010ACEDB	2002	シーメンス・アルナ車両	カルダン	VVVF	5車体連接	愛称「GREEN MOVER」
	5011ACEDB	2002	シーメンス・アルナ車両	カルダン	VVVF	5車体連接	愛称「GREEN MOVER」
	5012ACEDB	2002	シーメンス・アルナ車両	カルダン	VVVF	5車体連接	愛称「GREEN MOVER」
5100	5101ACEDB	2004	近畿車輛・三菱重工業・東洋電機	カルダン	VVVF	5車体連接	愛称「Green mover max」
	5102ACEDB	2006	近畿車輛・三菱重工業・東洋電機	カルダン	VVVF	5車体連接	愛称「Green mover max」
	5103ACEDB	2006	近畿車輛・三菱重工業・東洋電機	カルダン	VVVF	5車体連接	愛称「Green mover max」
	5104ACEDB	2006	近畿車輛・三菱重工業・東洋電機	カルダン	VVVF	5車体連接	愛称「Green mover max」
	5105ACEDB	2007	近畿車輛・三菱重工業・東洋電機	カルダン	VVVF	5車体連接	愛称「Green mover max」
	5106ACEDB	2007	近畿車輛・三菱重工業・東洋電機	カルダン	VVVF	5車体連接	愛称「Green mover max」
	5107ACEDB	2007	近畿車輛・三菱重工業・東洋電機	カルダン	VVVF	5車体連接	愛称「Green mover max」
	5108ACEDB	2008	近畿車輛・三菱重工業・東洋電機	カルダン	VVVF	5車体連接	愛称「Green mover max」
	5109ACEDB	2008	近畿車輛・三菱重工業・東洋電機	カルダン	VVVF	5車体連接	愛称「Green mover max」
	5110ACEDB	2008	近畿車輛・三菱重工業・東洋電機	カルダン	VVVF	5車体連接	愛称「Green mover max」
1000	1001	2013	近畿車輛・三菱重工業・東洋電機	カルダン	VVVF	3車体連接	愛称「GREEN MOVER LEX」
	1002	2013	近畿車輛・三菱重工業・東洋電機	カルダン	VVVF	3車体連接	愛称「GREEN MOVER LEX」
	1003	2014	近畿車輛・三菱重工業・東洋電機	カルダン	VVVF	3車体連接	愛称「GREEN MOVER LEX」
	1004	2014	近畿車輛・三菱重工業・東洋電機	カルダン	VVVF	3車体連接	愛称「GREEN MOVER LEX」
	1005	2014	近畿車輛・三菱重工業・東洋電機	カルダン	VVVF	3車体連接	愛称「GREEN MOVER LEX」
	1006	2015	近畿車輛・三菱重工業・東洋電機	カルダン	VVVF	3車体連接	愛称「GREEN MOVER LEX」
	1007	2015	近畿車輛・三菱重工業・東洋電機	カルダン	VVVF	3車体連接	愛称「GREEN MOVER LEX」
	1008	2015	近畿車輛・三菱重工業・東洋電機	カルダン	VVVF	3車体連接	愛称「GREEN MOVER LEX」
	1009	2016	近畿車輛・三菱重工業・東洋電機	カルダン	VVVF	3車体連接	愛称「GREEN MOVER LEX」
	1010	2016	近畿車輛・三菱重工業・東洋電機	カルダン	VVVF	3車体連接	愛称「GREEN MOVER LEX」
	1011	2017	近畿車輛・三菱重工業・東洋電機	カルダン	VVVF	3車体連接	愛称「GREEN MOVER LEX」

広島駅前で並ぶ 5100 形「グリーンムーバーマックス」と 5000 形「グリーンムーバー」

形式	番号	製造年	製造所	駆動方式	制御方式	車体形状	備考
1000	1012	2017	近畿車輛・三菱重工業・東洋電機	カルダン	VVVF	3 車体連接	愛称「GREEN MOVER LEX」
	1013	2018	近畿車輛・三菱重工業・東洋電機	カルダン	VVVF	3 車体連接	愛称「GREEN MOVER LEX」
	1014	2018	近畿車輛・三菱重工業・東洋電機	カルダン	VVVF	3 車体連接	愛称「GREEN MOVER LEX」
	1015	2019	近畿車輛・三菱重工業・東洋電機	カルダン	VVVF	3 車体連接	愛称「GREEN MOVER LEX」
	1016	2019	近畿車輛・三菱重工業・東洋電機	カルダン	VVVF	3 車体連接	愛称「GREEN MOVER LEX」
	1017	2020	近畿車輛・三菱重工業・東洋電機	カルダン	VVVF	3 車体連接	愛称「GREEN MOVER LEX」
	1018	2020	近畿車輛・三菱重工業・東洋電機	カルダン	VVVF	3 車体連接	愛称「GREEN MOVER LEX」
5200	5201A CEDB	2019	近畿車輛・三菱重工業・東洋電機	カルダン	VVVF	5 車体連接	愛称「Green mover APEX」
	5202A CEDB	2019	近畿車輛・三菱重工業・東洋電機	カルダン	VVVF	5 車体連接	愛称「Green mover APEX」
	5203A CEDB	2020	近畿車輛・三菱重工業・東洋電機	カルダン	VVVF	5 車体連接	愛称「Green mover APEX」
	5204A CEDB	2020	近畿車輛・三菱重工業・東洋電機	カルダン	VVVF	5 車体連接	愛称「Green mover APEX」
	5205A CEDB	2021	近畿車輛・三菱重工業・東洋電機	カルダン	VVVF	5 車体連接	愛称「Green mover APEX」
	5206A CEDB	2021	近畿車輛・三菱重工業・東洋電機	カルダン	VVVF	5 車体連接	愛称「Green mover APEX」
	5207A CEDB	2022	近畿車輛・三菱重工業・東洋電機	カルダン	VVVF	5 車体連接	愛称「Green mover APEX」
	5208A CEDB	2023	近畿車輛・三菱重工業・東洋電機	カルダン	VVVF	5 車体連接	愛称「Green mover APEX」
	5209A CEDB	2024	近畿車輛・三菱重工業・東洋電機	カルダン	VVVF	5 車体連接	愛称「Green mover APEX」
貨 50	51	1929	藤永田造船所	吊り掛け	抵抗	ボギー	旧 759 号

愛媛県庁前を走る 5000 形

伊予鉄道市内線

概要

　松山は四国で最初に鉄道が開業した地で、1888（明治 21）年 10 月 28 日に、伊予鉄道が松山（現在の松山市）～三津間で鉄道の営業を開始した。軌間 762㎜の日本初の軽便鉄道で、現存する民間資本の鉄道事業者としては、南海電鉄に次ぎ 2 番目に古い。

　一方、現在の市内線となる部分は、1895（明治 28）年 8 月 22 日に道後鉄道により、一番町～道後～三津口（現在の古町）間の開業により始まった。伊予鉄道と同じく 762㎜の軽便鉄道で、蒸気機関車が客車を引いていた。

　夏目漱石の小説「坊っちゃん」には、この道後鉄道が「マッチ箱のような汽車」として登場している。2001（平成 13）年には復活した「坊っちゃん列車」の運行を開始した。

　道後鉄道は、開業から 5 年後に伊予鉄道に合併され、1911（明治 44）年に改軌と電化を行い、市内線に組み込まれた。

　現在の市内線は、城南線、連絡線、本町線、大手町線、花園線と、鉄道線で免許を取得した城北線で構成されるが、運行形態は環状線の 1，2 番系統、松山市駅線の 3 番系統、JR 松山駅前線の 5 系統、

本町線の6系統と、路線と運行とは異なる。

　路線延長は9.6kmで、使用電圧は直流600V、線路の軌間は鉄道線と同じ1067mmを使用している。本町線の西堀端〜本町6間と、大手町線のJR松山駅前〜古町、城北線の古町〜平和通1丁目間が単線で、他の区間が複線である。宮田町〜古町〜平和通1丁目間が専用軌道で、そのほかは併用軌道となる。

　伊予鉄道の特徴は、2か所で鉄道線と平面交差していることだろう。古町駅構内は斜めに高浜線を横切るが、大手町駅前では高浜線と直角に交差している。以前は、阪急電鉄の西宮北口などでも見られたが、現在、線路が直角に交差するのはここと、とさでん交通のはりまや橋、名鉄の築港線（貨物専用線との交差）だけだ。

　「坊っちゃん列車」は、観光客の利用が多い道後温泉〜松山市駅、道後温泉〜JR松山駅前〜古町間で運行されている。蒸気機関車が小さな客車を引いて走るが、実際の動力はディーゼルで、演出のために汽笛やドラフト音をスピーカーで鳴らしている。

　この「坊っちゃん列車」、運行から赤字が続いていたのと、運転士不足のため2023（令和5）年11月から運休していたが、乗務員確保の目途が立ったことと、沿線住民からの運行再開を求める声が多かったため、2024（令和6）年3月から再び運行を開始した。

上・松山市内の併用軌道を走る松山市電
下・松山市駅前を出発したモハ2100形

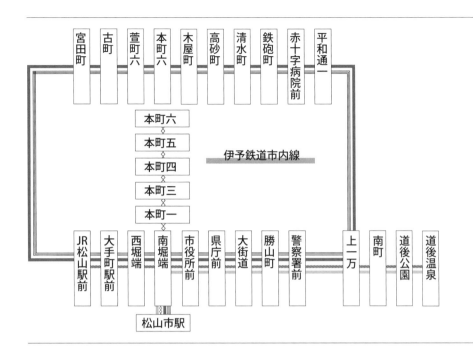

宮田町　古町　萱町六　本町六　木屋町　高砂町　清水町　鉄砲町　赤十字病院前　平和通一

本町六
⬦
本町五
⬦
本町四
⬦
本町三
⬦
本町一

伊予鉄道市内線

JR松山駅前　大手町駅前　西堀端　南堀端　市役所前　県庁前　大街道　勝山町　警察署前　上一万　南町　道後公園　道後温泉

松山市駅

モハ50形前期車。後期車とはスタイルが異なる

伊予鉄道路線表

路線名	区間	距離	路線形態
城北線（鉄道線）	古町～平和通一丁目	2.7km	単線
城南線	道後温泉～西堀端	3.5km	複線
城南線（連絡線）	平和通一丁目～上一万	0.1km	複線
本町線	西堀橋～本町六丁目	1.5km	単線
大手町線	西堀橋～古町	1.4km	西堀端～ JR 松山駅前間複線・JR 松山駅前～古町間単線
花園線	松山市駅前～南堀端	0.4km	単線

電車の乗降方法は、後ろ乗り前降り、後払い方式で、市内線は大人 200 円（小人 100 円）の均一運賃。1 日乗車券は大人 800 円（小人 400 円）で、2 ～ 4 日用もある。「坊っちゃん列車」は、1 乗車大人 1300 円（小人 650 円）である。

交通系 IC カードは、全国の主要鉄道系 IC カードが利用できるほか、モバイル系のみ、「みきゃんアプリ」、「Icoca（イコカ）」も使用できる。

沿線には、松山城や道後温泉などの観光地をはじめ、大街道商店街など見どころも多く、便利な路面電車で巡るのは、良い思い出になるだろう。

大手町駅前の平面交差。直角に交わる交差は珍しくなった

歴史

先に述べたように、伊予鉄道は四国初の鉄道として、1888（明治 21）年に開業した。市内線は道後鉄道により運行を始めたが、このほかに、松山電気軌道が現在の市内線の一部となる区間を開業した。

松山電気軌道は、1911（明治 44）年 9 月に、住吉（三津駅付近）～本町～札ノ辻～道後（現在の道後温泉）間を 1435 mm軌間で開業した。伊予鉄道と並行するルートだったため、乗客の奪い合いとなり、道後鉄道を合併した伊予鉄道は、古町～道後間を 1067mmに改軌、電化した。

伊予鉄道と激しい競争を繰り広げていた松山電気軌道だったが、当初から負債もあり、1921（大正 10）年 4 月 1 日に伊予鉄道に吸収合併され、軌間も 1067 mmに改軌された。松山電気軌道が開業した区間は、現在の本町線（本町四丁目～西堀端間）、城南線（西堀端～道後温泉間）となるが、一部の区間は線路が移設され、当初のルートとは変わっている。

伊予鉄道合併後は、複線化や路線の新

左・最新鋭のモハ5000形　右・蒸気機関車スタイルのディーゼル機関車が引く「坊っちゃん列車」

設が行われ、1947（昭和22）年3月25日に花園線が全通した。

車両

　モハ50形は、1951（昭和26）年に製造された市内線初のボギー車両で、1965（昭和40）年までに28両が製造された。長期に渡り製造されたため、製造年により違いが見られる。特に62号からは、前面窓の中央が大きくなり、屋根が浅くなっているため、61号以前とは外観が大きく変わった。新型車両の導入と共に廃車が進められているが、まだまだ主力車両として活躍している。

　モハ2000形は、京都市電からの譲渡車で、1979（昭和54）年に5両が入線した。車号は京都市電時代のままで、2001号は入線しなかったため欠番となっている。現在も全車両が運用されている。

　モハ2100形は、アルナ工機が開発した超低床電車（LRV）リトルダンサータイプSの単車で、2002（平成14）年から2005（平成17）年までに10両が導入された。2101～2106号と2107～

2110号とでは、屋根上の機器配置が異なるが性能上の差異はない。

　モハ5000形は、モハ2100形と同じくリトルダンサータイプSのLRV車両で、2017（平成29）年から導入され、現在12両が活躍している。モハ2100形と比べ、車体幅が拡大され、前面に曲面ガラスを採用しスマートな形状に変更されている。

　「坊っちゃん列車」は、蒸気機関車に似せたディーゼル機関車が客車を牽引するスタイルで、D1＋ハ1＋ハ2と、D14＋ハ31の2編成が在籍する、D1形およびD14形には、終着駅での方向転換のため、油圧式転車装置が付いており、松山市駅前や道後温泉で線路上において、向きを変える貴重な姿が見られる。

　客車は、ハ1形（ハ1、2）は開き戸、ハ31形（ハ31）は引き戸と、違いが見られる。両客車にはビューゲルが搭載されており、走行中に上昇する姿が見られる。これは、集電目的ではなく、分岐点のポイントを変える「トロリーコンタクター」を作動させるためで、ポイント付近のみ上昇させている。

伊予鉄道市内線　古町電車庫　車両一覧（現役の車両一覧）

形式	番号	製造年	製造所	駆動方式	制御方式	車体形状	備考
モハ50	51	1951	ナニワ工機	吊り掛け	抵抗	ボギー	
	54	1953	ナニワ工機	吊り掛け	抵抗	ボギー	
	66	1962	ナニワ工機	吊り掛け	抵抗	ボギー	
	70	1963	帝國車両	吊り掛け	抵抗	ボギー	
	72	1963	帝國車両	吊り掛け	抵抗	ボギー	
	75	1964	帝國車両	吊り掛け	抵抗	ボギー	
	76	1964	帝國車両	吊り掛け	抵抗	ボギー	
	77	1965	帝國車両	吊り掛け	抵抗	ボギー	
	78	1965	帝國車両	吊り掛け	抵抗	ボギー	
モハ2000	2002	1964（1979年入線）	ナニワ工機	吊り掛け	抵抗	ボギー	元京都市電2002号
	2003	1965（1979年入線）	ナニワ工機	吊り掛け	抵抗	ボギー	元京都市電2003号
	2004	1965（1979年入線）	ナニワ工機	吊り掛け	抵抗	ボギー	元京都市電2004号
	2005	1965（1979年入線）	ナニワ工機	吊り掛け	抵抗	ボギー	元京都市電2005号
	2006	1965（1979年入線）	ナニワ工機	吊り掛け	抵抗	ボギー	元京都市電2006号
モハ2100	2101	2002	アルナ工機	カルダン	VVVF	ボギー	
	2102	2002	アルナ工機	カルダン	VVVF	ボギー	
	2103	2003	アルナ車両	カルダン	VVVF	ボギー	
	2104	2003	アルナ車両	カルダン	VVVF	ボギー	
	2105	2004	アルナ車両	カルダン	VVVF	ボギー	
	2106	2004	アルナ車両	カルダン	VVVF	ボギー	
	2107	2005	アルナ車両	カルダン	VVVF	ボギー	
	2108	2005	アルナ車両	カルダン	VVVF	ボギー	
	2109	2006	アルナ車両	カルダン	VVVF	ボギー	
	2110	2007	アルナ車両	カルダン	VVVF	ボギー	
モハ5000	5001	2017	アルナ車両	カルダン	VVVF	ボギー	
	5002	2017	アルナ車両	カルダン	VVVF	ボギー	
	5003	2019	アルナ車両	カルダン	VVVF	ボギー	
	5004	2019	アルナ車両	カルダン	VVVF	ボギー	
	5005	2020	アルナ車両	カルダン	VVVF	ボギー	
	5006	2020	アルナ車両	カルダン	VVVF	ボギー	
	5007	2021	アルナ車両	カルダン	VVVF	ボギー	
	5008	2021	アルナ車両	カルダン	VVVF	ボギー	
	5009	2022	アルナ車両	カルダン	VVVF	ボギー	
	5010	2022	アルナ車両	カルダン	VVVF	ボギー	
	5011	2023	アルナ車両	カルダン	VVVF	ボギー	
	5012	2023	アルナ車両	カルダン	VVVF	ボギー	
機関車	D1	2001	新潟鐵工所	トルコン			坊っちゃん列車
	D14	2002	新潟トランシス	トルコン			坊っちゃん列車
客車	ハ1	2001	新潟鐵工所				坊っちゃん列車
	ハ2	2001	新潟鐵工所				坊っちゃん列車
	ハ31	2001	新潟鐵工所				坊っちゃん列車

左・自動転換装置で向きを変えるD14　右・トロリーコンタクターを作動させるために、ビューゲルをあげるハ31

とさでん交通

概要

　とさでん交通は、元々は土佐電気鉄道という軌道系と乗合バスの運行をしていた会社であった。2014（平成 26）年に、高知県交通、土佐電ドリームサービスとともに事業を統合し、土佐電気鉄道を含み「とさでん交通」と名乗るようになった。

　高知県を代表する交通事業者で、路面電車の事業は、伊野線・後免線・駅前線・桟橋線を運営しており、総延長は25.3㎞にもなる。軌道線のみの事業としては、日本最大の規模を有しており、軌間は 1067㎜、使用電圧は 600V。

　伊野線は、高知市のはりまや橋と吾川郡いの町にある伊野を結ぶ路線で、鏡川橋と伊野間は単線のため、鴨部市場前信号所、朝倉停留場、八代信号所に交換設備を設けている。鏡川橋～朝倉間は単線自動閉塞式だが、朝倉～伊野間はつい最近まで通票式だったため、路面電車では唯一、全国的に見ても珍しいタブレット交換が行われていたが、2023（令和 5）年 4 月 9 日で終了し、翌 10 日より特殊自動閉そく式の運用が開始された。

　後免（ごめん）線は、南国市の後免と高知市のはりまや橋を結ぶ路線で、大半が伊野線との直通運転を行っている。そのため、伊野線と合わせて「東西線」と呼ばれることもある。「後免ゆき」の行き先表示が、「ごめん」と平仮名で表示されていることもあり、「電車が謝っている」「何に謝罪しているんだ」と、話題になったこともあった。

　駅前・桟橋線は高知駅前から伊野・後免線と乗り換えができるはりまや橋を経由し、桟橋通五丁目を結ぶ路線である。伊野・後免線が東西に走っているのに対して、南北に貫いていることから「南北線」とも呼ばれている。

　この 4 系統が合流するはりまや橋は、東西線と南北線が直角に平面交差している。直角の平面交差は、伊予鉄道の市内線と高浜線でも見られるが、路面電車同士はここが唯一となる。

　運賃は市内のみ均一で、はりまや橋停留場を経由して大人 200 円（小人 100円）。そのほかは、大人 130 ～ 480 円（小人 70 ～ 240 円）の多区間制になっている。お得な乗車券として、「一日乗車券（市内均一大人 500 円、小人 250 円）」と「24 時間乗車券（市内の均一大人 600 円、小人 300 円）」がある。市内の均一区間用と全線用があり、目的に応じて購入することができる。（24 時間乗車券は、モバイル版のみ）

　乗車方法は、後ろ乗り前降りの後払い方式である。なお、交通系 IC カードは、高知県内の路面電車やバスなどで使用できる「ですか」のみが利用可能で、その

道路に挟まれる形で鏡川を渡る 600 形

他の IC カードは利用できない。

　高知市内を十字の形で電車を運行しているため、沿線に観光地も多い。「よさこい節」で有名な「はりまや橋」もすぐ近くを電車が走るが、橋自体は小さく、何度も架け換えられており、現在のものは 1998（平成 10）年製となる。

　大橋通を降りると、徒歩 2 分の場所に「ひろめ市場」があり、館内には約 60 もの高知の食を味わうことができる店舗が立ち並ぶ。

　上町一丁目から徒歩 1 分の場所にあるのは、「坂本龍馬の誕生の地」で、大きな石碑があるのですぐに見つけられる。さらに徒歩 3 分くらいの場所には、「龍馬の生まれたまち記念館」もあり、坂本龍馬ファンでなくとも、訪れたい場所である。

歴史

　とさでん交通は、2014（平成 26）年 10 月 1 日に誕生した軌道やバス事業を行っている会社である。それ以前は土佐電気鉄道として運行しており、創業は 1903（明治 36）年 7 月 8 日という長い歴史を持つ。

　最初に開業したのは、1904（明治 37）年 5 月 2 日の、本町線の堀詰停留場から乗出（現在のグランド通）間と、潮江線の梅ノ辻（現在の梅の辻）〜桟橋（現在の桟橋車庫前）間である。その後も順調に路線を建設し、1908（明治 41）年 2 月 20 日には、伊野線が全通した。同じ年の 10 月 31 日には、堀詰〜下知（現在の宝永町）間、後免線の一部が開業した。

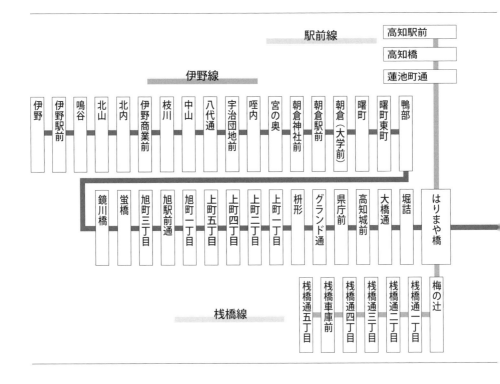

当時の軌道事業は、電力事業と同時に行う事業者が多く、土佐電気鉄道も電力事業を行い、周辺の電力事業者と統合・合併しながら経営を安定させてきた。

1909（明治42）年10月30日に、下知～葛島橋西詰（現在の知寄町三丁目）間が開業し、翌年の12月4日に鹿児（かこ）～大津間が開業。さらに1911（明治44）年1月27日に、大津～御免中町通（現在の後免中町）間が、同年5月14日には、後免中町通～後免町（現在の後免東町）が続いて開業した。

そして1925（大正14）年2月21日の、御免東通～御免駅前（現在の後免町）間の延伸で後免線が全通した。。

1955（昭和30）年からは、安芸線（鉄道線）との直通運転が行われ、軌道線を走る車両が、安芸線の安芸駅まで直通運転を行っていたが、1974（昭和49）年4月1日に安芸線は廃止された。

駅前・桟橋線は、1904（明治37）年に梅ノ辻～桟橋間が開業し、1905（明治38）年4月7日に100mほど延伸した。同時にその場所に、桟橋（現在の桟橋通五丁目）を設置。1928（昭和3）年2月16日には、江ノ口線・高知駅前～はりまや橋間、8月10日には、はりまや橋～潮江橋北詰間が開業した。

戦後の高度成長期以降も、高知県民の足として活躍を続けていた土佐電気鉄道だが、モータリゼーションと少子高齢化などにより、昭和40年代以降は乗客数

後免線

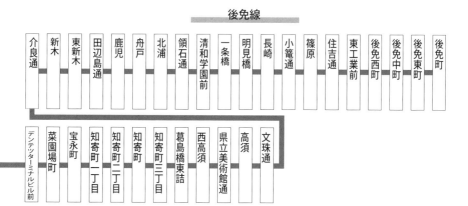

介良通 / 新木 / 東新木 / 田辺島通 / 鹿児 / 舟戸 / 北浦 / 領石通 / 清和学園前 / 一条橋 / 明見橋 / 長崎 / 小篭通 / 篠原 / 住吉通 / 東工業前 / 後免西町 / 後免中町 / 後免東町 / 後免町

デンテツターミナルビル前 / 菜園場町 / 宝永町 / 知寄町一丁目 / 知寄町二丁目 / 知寄町 / 知寄町三丁目 / 葛島橋東詰 / 西高須 / 県立美術館通 / 高須 / 文珠通

とさでん交通路線表

路線名	区間	距離	線路形態
伊野線	はりまや橋～伊野	11.2km	はりやま橋～鏡川橋間複線・鏡川橋～伊野間単線
御免線	はりまや橋～後免町	10.9km	複線
桟橋線	はりまや橋～桟橋通五丁目	2.4km	複線
駅前線	はりまや橋～高知駅前	0.8km	複線

単線区間の朝倉で交換する 3000 形と 2000 形

都電 6000 形と同じ構造の 200 形

が低迷していった。2014（平成 26）年
4 月 4 日に、高知県中央部の公共交通の
あり方について検討を行う「中央地域公
共交通再構築検討会」が行われ、土佐電
気鉄道と高知県交通を統合し、高知県や
その自治体が出資する第三セクター法
人を設立する計画案を出し、同年 10 月
1 日に土佐電気鉄道は、高知県交通、土
佐電ドリームサービスとともに、新会社
「とさでん交通」として再出発すること
になった。

　最近では、2016（平成 28）年に乗務
員の制服をリニューアルしたことや、車
両の塗装なども変更され、イメージチェ
ンジを図っている。

現役車両

　新旧様々な形式が運行されているが、

代表的な形式の一つに、200 形がある。
200 形は、いわゆる都電 6000 形と同じ
構造を持つ車両で、全国の各事業者（秋
田市・川崎市・名鉄など）に在籍してい
たうちの一つでもある。

　製造は、1950（昭和 25）年。車体そ
のものは都電 6000 形とあまり変わらな
いが、前照灯の位置が屋根上に配置さ
れており、使用する軌間も 1067㎜と異
なる。全部で 21 両製造され、現在は 10
両が現役である。

　もう一つ代表的な形式といえるのが、
600 形である。1957（昭和 32）年に 31
両が製造された形式で、現在も 29 両が
活躍している。当時好評だった都電 7000
形のデザインを元に製造されており、と
さでん交通の最大勢力の形式である。

　2000 形は、2000（平成 12）年に登場
した形式で 3 両誕生したが、旧型車両

スタイリッシュな1000形

の機器流用品を使用している。そのため、車体デザインは近代化されているが、機器が古いので、実質のところ車体更新車のようだ。（書類上は新造車両扱い）現在も、3両全ての車両が運行されている。

590形は、名鉄岐阜市内線・美濃町線で活躍していた車両を2005（平成17）年に譲受し、導入した形式である。製造は1957（昭和32）年で、600形と同じ年代の車両だ。

700形と800形は、山陽電気軌道で運行していた車両で、700形が3両、800形が4両譲渡されている。製造は1958（昭和33）年、1971（昭和46）年に導入された。

1000形は、1981（昭和56）年に登場した車両である。輸送力増強を目的に、2両が製造された。外見上は軽快電車を意識したスタイリッシュなものとなった

が、西鉄の廃車発生品からの機器を流用しており、集電装置も同じく、西鉄の廃車発生品を使用している。

100形（ハートラム）は、2002（平成14）年に登場した3車体連接構造の低床車両である。両端の車両の台車を、運転室の真下に配置することで、運転席付近のみが高床となっているが、車内通路の低床化を実現している。

この車両はバリアフリーの観点から、国・高知県・高知市・南国市・吾川郡伊野町（現在のいの町）の補助を受けて試験的に導入されたため、1編成のみの導入だった。現在も運行中である。

3000形（ハートラムII）は、3連接車体の超低床車両である。駆動装置は、車体装架カルダン駆動方式を採用。独立した車輪に主電動機を装備するものではなく、運転席側に主電動機を装備し、自

とさでん交通　桟橋車庫　車両一覧（現役の車両一覧）

形式	番号	製造年	製造所	駆動方式	制御方式	車体形状	備考
200	201	1950	日立	吊り掛け	抵抗	ボギー	
	202	1950	日立	吊り掛け	抵抗	ボギー	
	205	1950	帝國車両	吊り掛け	抵抗	ボギー	
	207	1952	日立	吊り掛け	抵抗	ボギー	
	208	1952	日立	吊り掛け	抵抗	ボギー	
	210	1952	日立	吊り掛け	抵抗	ボギー	
	211	1954	日立	吊り掛け	抵抗	ボギー	
	212	1954	日立	吊り掛け	抵抗	ボギー	
	213	1954	日立	吊り掛け	抵抗	ボギー	
	214	1954	日立	吊り掛け	抵抗	ボギー	
590	591	1957 (2005年入線)	日本車輌	吊り掛け	抵抗	ボギー	元名鉄モ591号
	592	1957 (2005年入線)	日本車輌	吊り掛け	抵抗	ボギー	元名鉄モ592号
600	601	1957	自社工場	吊り掛け	抵抗	ボギー	
	602	1957	自社工場	吊り掛け	抵抗	ボギー	
	603	1958	自社工場	吊り掛け	抵抗	ボギー	
	604	1958	自社工場	吊り掛け	抵抗	ボギー	
	605	1958	自社工場	吊り掛け	抵抗	ボギー	
	607	1958	自社工場	吊り掛け	抵抗	ボギー	
	608	1959	自社工場	吊り掛け	抵抗	ボギー	
	609	1959	自社工場	吊り掛け	抵抗	ボギー	
	610	1960	自社工場	吊り掛け	抵抗	ボギー	
	611	1960	自社工場	吊り掛け	抵抗	ボギー	
	612	1959	自社工場	吊り掛け	抵抗	ボギー	
	613	1959	自社工場	吊り掛け	抵抗	ボギー	
	614	1959	自社工場	吊り掛け	抵抗	ボギー	
	615	1959	自社工場	吊り掛け	抵抗	ボギー	
	616	1960	自社工場	吊り掛け	抵抗	ボギー	
	617	1959	自社工場	吊り掛け	抵抗	ボギー	
	618	1960	自社工場	吊り掛け	抵抗	ボギー	
	619	1960	自社工場	吊り掛け	抵抗	ボギー	
	620	1960	自社工場	吊り掛け	抵抗	ボギー	

在軸継ぎ手を介して、台車の外側に搭載されているギアボックスを介して駆動を行っている。そのため、客室内は全面的な超低床が実現された。これは、豊橋鉄道のT1000形でも採用されている。

　7形は、1984（昭和59）年に製造された。土佐電気鉄道開業翌年の1905（明治38）年に製造された電車を、復元した車両で、「維新号」の愛称で運行されていた。現在はICカード対応未搭載のため、運行を休止している。なお、オリジナルの7形の図面は存在しておらず、その時期に登場した電車の図面を参考にして製造された。

　198形は、1989（平成元）年に同社が開業85周年を迎えた記念事業の一環として、導入された。この車両は、ノルウェーのオスロ市で運行していた車両だ。現地では、終端にループ線を設置しており、方向転換が可能であったことから、片運転台スタイルだった。それゆえ、両運転台化や車体幅、軌間の変更など大

形式	番号	製造年	製造所	駆動方式	制御方式	車体形状	備考
600	621	1961	自社工場	吊り掛け	抵抗	ボギー	
	622	1963	ナニワ工機	吊り掛け	抵抗	ボギー	
	623	1963	ナニワ工機	吊り掛け	抵抗	ボギー	
	624	1963	ナニワ工機	吊り掛け	抵抗	ボギー	
	625	1963	ナニワ工機	吊り掛け	抵抗	ボギー	
	626	1963	ナニワ工機	吊り掛け	抵抗	ボギー	
	627	1963	ナニワ工機	吊り掛け	抵抗	ボギー	
	628	1963	ナニワ工機	吊り掛け	抵抗	ボギー	
	630	1963	ナニワ工機	吊り掛け	抵抗	ボギー	
	631	1963	ナニワ工機	吊り掛け	抵抗	ボギー	
700	701	1958(1971年入線)	ナニワ工機	吊り掛け	抵抗	ボギー	元山陽電軌 701 号
	702	1958(1971年入線)	ナニワ工機	吊り掛け	抵抗	ボギー	元山陽電軌 702 号
	703	1958(1971年入線)	ナニワ工機	吊り掛け	抵抗	ボギー	元山陽電軌 704 号
800	801	1959(1971年入線)	ナニワ工機	吊り掛け	抵抗	ボギー	元山陽電軌 801 号
	802	1959(1971年入線)	ナニワ工機	吊り掛け	抵抗	ボギー	元山陽電軌 802 号
	803	1959(1971年入線)	ナニワ工機	吊り掛け	抵抗	ボギー	元山陽電軌 803 号
	804	1959(1971年入線)	ナニワ工機	吊り掛け	抵抗	ボギー	元山陽電軌 804 号
1000	1001	1981	アルナ工機	吊り掛け	抵抗	ボギー	
	1002	1981	アルナ工機	吊り掛け	抵抗	ボギー	
2000	2001	2000	アルナ工機	吊り掛け	抵抗	ボギー	
	2002	2000	アルナ工機	吊り掛け	抵抗	ボギー	
	2003	2000	アルナ工機	吊り掛け	抵抗	ボギー	
100	101ACB	2002	アルナ工機	カルダン	VVVF	3 車体連接	愛称「ハートラム」
3000	3001ACB	2018	アルナ車両	カルダン	VVVF	3 車体連接	愛称「ハートラムⅡ」
	3002ACB	2021	アルナ車両	カルダン	VVVF	3 車体連接	愛称「ハートラムⅡ」
	3003ACB	2024	アルナ車両	カルダン	VVVF	3 車体連接	愛称「ハートラムⅡ」
7	7	1984 　※1	大阪車輌※2	吊り掛け	抵抗	単車	1984 年復元　愛称「維新号」
198	198	1939(1992年入線)	ストレンメン	吊り掛け	抵抗	ボギー	元オスロ市電 198
320	320	1949(1993年入線)	シメリング・グラーツ・パウカー	吊り掛け	抵抗	単車	元グラーツ市電 204
910	910	1947(1994年入線)	CCFL	吊り掛け	抵抗	ボギー	元リスボン市電 910
貨1形	1	1952	自社工場	吊り掛け	抵抗	単車	電動貨車

※1：オリジナル車両は 1905　※2：オリジナル車両は日本車輌

改造が行われたのちに運行に入った。塗装は母国ノルウェーのオスロ市電時代のままで、天井にはノルウェーの地図やノルウェー語の詩も見られる。320 形は、オーストリアのグラーツ市電で運行されていた車両である。1992（平成 4）年 2月に導入された。当初は営業運行も行われたが、最近は貸し切り団体専用での運行が行われている。

910 形は、1994（平成 6）年に導入されたポルトガルのリスボン市電で運行されていた車両である。IC カードの導入により、定期運行から外され休車状態になっている。

なお、これらの外国製の車両は、1990（平成 2）年より路面電車の活性化のために始められた、外国電車の導入の一環である。

このほか、事業用に電動貨車の貨 1 形が 1 両在籍し、「よさこい祭り」などで花電車として運行される。

西日本鉄道

　福岡県を中心に、鉄道やバス事業を展開する西日本鉄道。現在は鉄道線4路線を営業しているが、かつては北九州や福岡、久留米、大牟田で路面電車を運行していた。

　このうち久留米市の西鉄福島線が、1958（昭和33）年に、大牟田市内線が1954（昭和29）年に、福岡市内線が1979（昭和54）年に廃止された。

　北九州線は、北九州本線、戸畑線、枝光線、北方線の4路線44.3kmで営業を行っていたが、1980（昭和55）年に北方線が、1985（昭和60）年に戸畑線、枝光線と北九州本線の門司〜砂津間が、1992（平成4）年に砂津〜黒崎駅前間が廃止された。

　残った黒崎駅前〜折尾間も2000（平成12）年に廃止されたが、黒崎駅前〜熊西間は筑豊電鉄が乗り入れていたため、この区間は存続され、2015（平成27）年に筑豊電鉄に譲渡された。

小倉城をバックに走る北方線331形。北方線は他の路線と異なり1067mmゲージだった　旦過橋　1980年8月13日

北九州本線の連接車 1000 形と 100 形　魚町　1980 年 8 月 13 日

筑豊電鉄との分岐点を走る 600 形　熊西〜皇后崎　1980 年 8 月 13 日

福岡市内線の 501 形　博多駅前　1978 年 12 月

長崎電気軌道

概要

　長崎市街は、三方を山、一方を海に囲まれた南北に細長い地形で、平地が少ないため、山の斜面にまで住宅地が広がっている。長崎電気軌道は、この少ない平地を走っているので、市街全域をほぼカバーしているといえる。

　路線は、本線（住吉〜崇福寺・そうふくじ）、桜町支線（長崎駅前〜市役所）、大浦支線（新地中華街〜石橋）、蛍茶屋支線（西浜町〜蛍茶屋）、赤迫支線（赤迫〜住吉）の5路線で、総路線距離は11.5km、線路の軌間は1435mm、使用電圧600Vである。

　電車の運行は1系統（崇福寺〜大波止〜赤迫）、3系統（蛍茶屋〜桜町〜赤迫）、5系統（石橋〜西浜町〜蛍茶屋）と、朝夕のみ運行の4系統（崇福寺〜浜町アーケード〜崇福寺）のほか、1日1本だけ、赤迫〜蛍茶屋間を大波止経由で運行する2系統が設定されている。

　停留場数は38で、市役所は2か所ある。変わったところでは「昭和町通」は赤迫方面の上りのみ停車となる。

　2023（令和5）年に閉館した長崎西洋館は、ビルの下をトンネルで電車が抜けることで有名だったが、現在ビルの取り壊しが行われており、その姿も過去のものとなった。

　乗車方法は、後乗り前降り、後払い方式で大人140円（小人70円）の均一運賃である。全国の交通系ICカードにも対応しており、乗車時と降車時にリーダーへタッチする。ICカードは、他の系統への乗り換え割引に対応しているが、長崎駅前、新地中華街、西浜町、市役所の4停留場に限られる。

　「一日乗車券」は、大人600円（小人300円）で、車内での発売はなく、電車の営業所や観光案内所、主要ホテルが取り扱っている。スマートフォンによるモバイルチケットは、「一日乗車券」「24時間乗車券」に対応している。

　市内には、大浦天主堂やグラバー園、めがね橋、原爆資料館など数多くの観光地が点在するが、そのほとんどを路面電車で巡ることができる。

歴史

　1915（大正4）年11月16日、長崎電気軌道が病院下（現在の大学病院付近）〜築町（現在の新地中華街付近）間3.7kmを開通させ、長崎の路面電車がスタートした。翌年には千馬町（現在の新地中華街〜出島間）〜大浦町と続き、1921（大正10）年まで毎年のように路線を延ばしていった。昭和に入っても1933（昭和8）年に下の川〜大橋間、1934（昭和

斜面にも家が建つ山に囲まれ、長崎の町を走る長崎電気軌道

石橋周辺は昔の面影を残す中島川沿いを走る

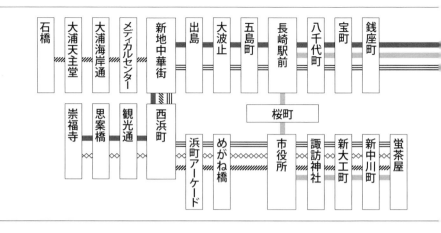

長崎電気軌道路線表

路線名	区間	距離	線路形態
本線	住吉～崇福寺	7.0km	複線
桜町支線	長崎駅前～市役所	0.9km	複線
大浦支線	新地中華街～石橋	1.1km	新地中華街～大浦海岸通間複線　大浦海岸通～石橋間単線
蛍茶屋支線	西浜町～蛍茶屋	2.2km	複線
赤迫支線	赤迫～住吉	0.3km	複線

9) 年に諏訪神社前～蛍茶屋間が開業し、現在に近い路線網となった。

　路線網の充実で、長崎市民の足として活躍していた長崎電気軌道だったが、1945（昭和20）年8月9日の原爆投下により、大きな被害を受けてしまった。電車は16両が被災、職員も120人の尊い命が奪われた。全線で運転が不能となったが、11月25日に長崎駅前～蛍茶屋間が復旧し、順次路線の運転が再開された。

　ただ、思案橋周辺は軌道敷地内が闇市に占拠されていたため、西浜町～思案橋間の復旧は1953（昭和28）年7月となった。

　これにより戦前と同じ路線網が戻ったが、この間に、市の北部に市街地が広がったことから、1950（昭和25）年9月に

大橋～住吉間が、1960（昭和35）年5月に住吉～赤迫間が延伸された。

　1968（昭和43）年6月に、思案橋～正覚寺下（現在の崇福寺）間の開業により現在の姿となった。

車両

　200番台の電車は、1950（昭和25）年に誕生した長崎電気軌道初のボギー車で、201～209号の奇数番号が日立製作所、202～210号の偶数番号が日本車輌で製造され、それぞれ201形、202形と分類されているが、基本的には同じ仕様の電車となる。

　1951（昭和26）年からは、211形が増備された。日立製作所製で、主電動機なども日立製となったため211形に分

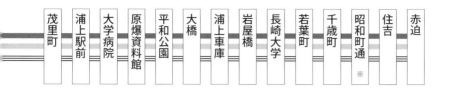

| 茂里町 | 浦上駅前 | 大学病院 | 原爆資料館 | 平和公園 | 大橋 | 浦上車庫 | 岩屋橋 | 長崎大学 | 若葉町 | 千歳町 | 昭和町通※ | 住吉 | 赤迫 |

■■■ 1系統 [崇福寺〜大波止〜赤迫]
═══ 2系統 [赤迫〜大波止〜蛍茶屋] 1本のみ
▬▬▬ 3系統 [蛍茶屋〜桜町〜赤迫]
◇◇◇◇ 4系統 [崇福寺〜浜町アーケード〜蛍茶屋] 朝夕のみ
〜〜〜 5系統 [石橋〜西浜町〜蛍茶屋]

※赤迫行のみ停車

左・赤迫方面にしか停留場がない昭和通。後方に見えるのが千歳町停留場
右・名物だったビルの下を走る姿も過去のものとなった

類された。

1953（昭和28）年からは300形が製造された。基本仕様は200形に準じているが、前照灯が前面窓下中央に変わった。なお、200形もワンマン化改造時に、前面窓下中央に移設されている。

1961（昭和36）年からは、全金属製の360形が製造された。翌年には増備車となる370形が登場している。両形式とも昭和の年号にちなんで形式が付けられた。

360、370形は、旧型の単車や木造車を置き換えるために製造されたが、経営悪化により製造は14両に留まった。残る旧型車の置き換えは、コスト削減のため車体だけ新製し、台車や主要機器は大阪市電の廃車発生品を流用した500形とし、1966（昭和41）年に6両が製造された。

1980（昭和55）年、電機子チョッパ制御など新しい技術を取り入れた「軽快電車」2000形が導入されたが、車両が高価でメンテナンスも難しいことから2両に留まり、後は2000形に準じた車体だけ新製し、台車や電装品は予備部品や廃車発生品を組み合わせた車両が増備された。1200形、1300形、1500形、1700形、1800形がこの仕様となるが、1800形だけは、車体の形状が異なり、抵抗制御ながら間接自動制御が採用された。

なお、1202〜1205号と1507号が間接自動制御に改造され、それぞれ1200A形、1500A形となっている。

2000（平成12）年に制定された交通バリアフリー法に合わせ、超低床電車3000形が2003（平成15）年に製造された。車両はアルナ車両が開発した「リ

トルダンサー U タイプ」で、3車体2台車連節構造となっている。VVFインバータ制御の車両で3編成が納入された。

3000形に続き、2011（平成23）年に「リトルダンサー Ua タイプ」の5000形が導入された。3000形と同じく3車体

2台車連節構造だが、全長が1.2m長い16.3mとなった。3000形と同じく3編成が製造された。

6000形は、単車タイプの超低床電車で、全長12mの「リトルダンサー N タイプ」となる。2022（令和4）年に1両、

長崎電気軌道　浦上車庫　車両一覧（現役の車両一覧）

形式	番号	製造年	製造所	駆動方式	制御方式	車体形状	備考
160	168	1911	川崎造船	吊り掛け	抵抗	ボギー	動態保存車　元西鉄153号
201	201	1950	日立製作所	吊り掛け	抵抗	ボギー	
	203	1950	日立製作所	吊り掛け	抵抗	ボギー	
	207	1950	日立製作所	吊り掛け	抵抗	ボギー	
	209	1950	日立製作所	吊り掛け	抵抗	ボギー	
202	202	1950	日本車輌	吊り掛け	抵抗	ボギー	
	208	1950	日本車輌	吊り掛け	抵抗	ボギー	
	210	1950	日本車輌	吊り掛け	抵抗	ボギー	
211	211	1951	日立製作所	吊り掛け	抵抗	ボギー	
	212	1951	日立製作所	吊り掛け	抵抗	ボギー	
	213	1951	日立製作所	吊り掛け	抵抗	ボギー	
	214	1951	日立製作所	吊り掛け	抵抗	ボギー	
	215	1951	日立製作所	吊り掛け	抵抗	ボギー	
	216	1951	日立製作所	吊り掛け	抵抗	ボギー	
300	301	1953	日立製作所	吊り掛け	抵抗	ボギー	
	302	1953	日立製作所	吊り掛け	抵抗	ボギー	
	303	1953	日立製作所	吊り掛け	抵抗	ボギー	
	304	1953	日立製作所	吊り掛け	抵抗	ボギー	
	305	1953	日立製作所	吊り掛け	抵抗	ボギー	
	306	1953	日立製作所	吊り掛け	抵抗	ボギー	
	307	1953	日立製作所	吊り掛け	抵抗	ボギー	
	308	1953	日立製作所	吊り掛け	抵抗	ボギー	
	309	1953	日立製作所	吊り掛け	抵抗	ボギー	
	310	1954	日立製作所	吊り掛け	抵抗	ボギー	
360	361	1961	日本車輌	吊り掛け	抵抗	ボギー	
	363	1961	日本車輌	吊り掛け	抵抗	ボギー	
	354	1961	日本車輌	吊り掛け	抵抗	ボギー	
	365	1961	日本車輌	吊り掛け	抵抗	ボギー	
	366	1961	日本車輌	吊り掛け	抵抗	ボギー	
	367	1961	日本車輌	吊り掛け	抵抗	ボギー	
370	371	1962	日本車輌	吊り掛け	抵抗	ボギー	
	372	1962	日本車輌	吊り掛け	抵抗	ボギー	
	373	1962	日本車輌	吊り掛け	抵抗	ボギー	
	374	1962	日本車輌	吊り掛け	抵抗	ボギー	
	376	1962	日本車輌	吊り掛け	抵抗	ボギー	
	377	1962	日本車輌	吊り掛け	抵抗	ボギー	

2024（令和6）年に1両導入された。

　このほか、動態保存的な車両として元熊本市電の600形601号、西鉄から転入した160形168号が在籍する。この168号は、1911（明治44）年に製造された日本最古の木造ボギー車で、現役稼働年数が100年を超える唯一の車両でもある。路面電車の日や鉄道の日、開業記念日などに不定期に運転されている。

　事業用車両は、2015（平成27）年に204号を改造した花電車用の87形87号が在籍する。

形式	番号	製造年	製造所	駆動方式	制御方式	車体形状	備考
500	502	1966	ナニワ工機	吊り掛け	抵抗	ボギー	
	503	1966	ナニワ工機	吊り掛け	抵抗	ボギー	
	504	1966	ナニワ工機	吊り掛け	抵抗	ボギー	
	505	1966	ナニワ工機	吊り掛け	抵抗	ボギー	
	506	1966	ナニワ工機	吊り掛け	抵抗	ボギー	
600	601	1953	新木南車輌	吊り掛け	抵抗	ボギー	元熊本市電171号
1200	1201	1982	アルナ工機	吊り掛け	抵抗	ボギー	
1200A	1202	1982	アルナ工機	吊り掛け	抵抗	ボギー	
	1203	1982	アルナ工機	吊り掛け	抵抗	ボギー	
	1204	1982	アルナ工機	吊り掛け	抵抗	ボギー	
	1205	1982	アルナ工機	吊り掛け	抵抗	ボギー	
1300	1301	1987	アルナ工機	吊り掛け	抵抗	ボギー	
	1302	1987	アルナ工機	吊り掛け	抵抗	ボギー	
	1303	1988	アルナ工機	吊り掛け	抵抗	ボギー	
	1304	1988	アルナ工機	吊り掛け	抵抗	ボギー	
	1305	1989	アルナ工機	吊り掛け	抵抗	ボギー	
1500	1501	1993	アルナ工機	吊り掛け	抵抗	ボギー	
	1502	1993	アルナ工機	吊り掛け	抵抗	ボギー	
	1503	1994	アルナ工機	吊り掛け	抵抗	ボギー	
	1504	1995	アルナ工機	吊り掛け	抵抗	ボギー	
	1505	1995	アルナ工機	吊り掛け	抵抗	ボギー	
	1506	1996	アルナ工機	吊り掛け	抵抗	ボギー	
1500A	1507	1997	アルナ工機	吊り掛け	抵抗	ボギー	
1700	1701	1999	アルナ工機	吊り掛け	抵抗	ボギー	
	1702	1999	アルナ工機	吊り掛け	抵抗	ボギー	
1800	1801	2000	アルナ工機	吊り掛け	抵抗	ボギー	
	1802	2000	アルナ工機	吊り掛け	抵抗	ボギー	
	1803	2002	アルナ工機	吊り掛け	抵抗	ボギー	
3000	3001ACB	2003	アルナ車両	カルダン	VVVF	3車体連接	
	3002ACB	2005	アルナ車両	カルダン	VVVF	3車体連接	
	3003ACB	2006	アルナ車両	カルダン	VVVF	3車体連接	
5000	5001ACB	2011	アルナ車両	カルダン	VVVF	3車体連接	
	5002ACB	2012	アルナ車両	カルダン	VVVF	3車体連接	
	5003ACB	2019	アルナ車両	カルダン	VVVF	3車体連接	
6000	6001	2022	アルナ車両	カルダン	VVVF	ボギー	
	6002	2024	アルナ車両	カルダン	VVVF	ボギー	
87	87	2015	浦上車庫	吊り掛け	抵抗	ボギー	204号からの改造「花電車」

「COCORO」の愛称が付く 0800 形 2 次車 0803 号

熊本市交通局

概要

　熊本市が運営する路面電車の熊本市電。運行系統は、2 通り（A 系統・田崎橋～熊本駅前～健軍町、B 系統・上熊本～健軍町）あるのだが、路線にすると幹線（熊本駅前～水道町）、水前寺線（水道町～水前寺公園）、健軍線（水前寺公園～健軍町）、上熊本線（辛島町～上熊本）、田崎線（熊本駅前～田崎橋）の 5 路線（合計 12.1km）で運行されている。線路幅は 1435mm の標準軌で、使用電圧は 600V である。

　運賃は全線均一で、大人 180 円（小人 90 円）。交通系 IC カードの利用が可能である。「でんでん nimoca」という nimoca をベースとした熊本市電オリジナルの IC カードもある。

　乗車方法は、後ろ乗り前降り方式。運賃は降りる際に、運転手の横にある運賃箱に支払う。現金はお釣りが出ないので、「ちょうど」になるように、あらかじめ両替するなど、注意する必要がある。

　また、観光に便利な熊本市電全線を乗車できる「熊本市電 24 時間乗車券（大人 600 円・小人 300 円）」をはじめ、市電や周辺のバス事業者にも乗車可能な「電車・バス共通乗車券・わくわく 1day

パス 24 時間乗車券（800 円〜 1000 円)」
がモバイルチケットで使用できるお得な
乗車券も用意されている。

　熊本市電沿線の見どころといえば、通
町筋（とおりちょうすじ）停留所を下車
して、すぐに眺められる「熊本城」の天
守閣だろう。緑であふれた木々の上には、
熊本城の天守閣がそびえ立つ。熊本市電
を温かく見守る姿に心が和む。市電と熊
本城の姿を同時にカメラに収められるの
で、絶好の撮影スポットとして有名な場
所でもある。

　上熊本停留場は、九州新幹線の高架工
事により、それまで使用されてきた JR
上熊本駅の駅舎の一部を移築し、停留場
建屋としたものである。正面の部分デザ
インが、まさにそのことを物語ってお
り、洋風建築として地元民からも人気が
高く、解体を強く反対する運動もあった
ことから実現したものだ。また、市電の
車両基地も隣接しており、熊本市電の
様々な電車を目にすることができる。こ
ういった熊本の文化を味わえるのも、熊
本市電の魅力の一つと言えるだろう。

歴史

　熊本の市電は、元々市営として発足し
ておらず、1921（大正 10）年に熊本電車
株式会社として運営する予定であった。

　しかし、市民から「電車の運行は市営
で行ってほしい」という要望が出て、翌
年の 1922（大正 11）年に市長によって、

通町筋電停付近からは熊本城と市電が撮影できる

市営として電車の運行を行う方針を打
ち立てた。熊本市電車部として発足し、
1924（大正 13）年 8 月 1 日に幹線（熊
本駅前〜浄行寺町間）と、水前寺線（水
道町〜水前寺間）が最初に開業した。

　その後、1928（昭和 3）年 12 月 26
日に黒髪線（浄行寺町〜子飼橋間）が、
翌 1929（昭和 4）年 6 月 20 日に、春竹
線（辛島町〜春竹駅前間）、上熊本線（辛
島町〜段山町間）が続いて開業した。さ
らに 1935（昭和 10）年 3 月 24 日に、
上熊本線（段山町〜上熊本駅前間）が開
業している。1944（昭和 19）年 6 月 1
日には、熊本市交通局が誕生し、市電は

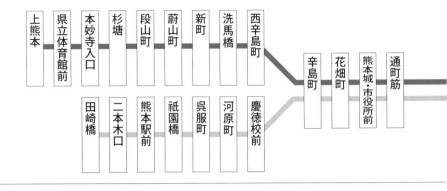

上熊本 / 県立体育館前 / 本妙寺入口 / 杉塘 / 段山町 / 蔚山町 / 新町 / 洗馬橋 / 西辛島町 / 辛島町 / 花畑町 / 熊本城・市役所前 / 通町筋

田崎橋 / 二本木口 / 熊本駅前 / 祇園橋 / 呉服町 / 河原町 / 慶徳校前

熊本市交通局 路線表

路線名	区間	距離	線路形態
幹線	熊本駅前～水道町	3.3km	複線
水前寺線	水道町～水前寺公園	2.4km	複線
健軍線	水前寺公園～健軍町	3.0km	複線
上熊本線	辛島町～上熊本	2.9km	複線
田崎線	熊本駅前～田崎橋	0.5km	熊本駅前～二本木口間複線　二本木口～田崎橋間単線

交通局直営の事業となった。

　戦中の1945（昭和20）年5月6日には、健軍線（水前寺公園～健軍町間）が、1954（昭和29）年10月1日には坪井線（藤崎宮前～上熊本駅前）が、1959（昭和34）年12月24日に田崎線（熊本駅前～田崎橋）間が開業するが、これを最後に新規路線の建設はなく、以降はモータリゼーションの波によって、廃止路線が相次いだ。

　路面電車の進化の歴史を語るうえで、この熊本市電を外すことは絶対にできない。なぜなら、国内の路面電車の新たなサービスは、熊本市電が初めてのケースとなり、各地に広がっていくことが多かったからだ。

　1978（昭和53）年8月2日に、路面電車（軌道）として初めて、冷房車の運行を開始したことや、1982（昭和57）

年8月2日に、我が国で初のVVVFインバータ制御を採用した軽快電車（8200形）の運行開始、1992（平成4）年には、戦後初めて、女性運転士を誕生させている。

　さらには1997（平成9）年に、国内初の超低床電車9700形が誕生している。これらの日本初の技術などを採用している点は、非常に興味深い。

　2023（令和5）年には、MaaSに伴うサービスを開始、全車両が市電運賃のタッチ決済とQRコードに対応するサービスを、本格的に導入した。今後も路面電車の新しい技術進化は、熊本から発信されることが多いだろう。

現役車両

　現役で活躍している車両で、熊本市電一番の古参車は、1060形である。1951

水道町　九品寺交差点　交通局前　味噌天神前　新水前寺駅前　国府　水前寺公園　市立体育館前　商業高校前　八丁馬場　神水交差点　健軍校前　動植物園入口　健軍交番前　健軍町

━━━━ A 系統［田崎橋〜熊本駅前〜健軍町］
━━━━ B 系統［上熊本〜健軍町］

国内の超低床電車の基礎となった 9700 形

8800 形の 101 号はレトロ調で運行されている

（昭和 26）年に製造された車両で、現在は 1063 号車のみ運行されている。

　元々は 160 形として導入されたが、1968（昭和 43）年頃にワンマンカー対応の改造が施され、現在の 1060 形を名乗るようになった。

　車体は半鋼製車体で、床面が低いボギー車。前面は 3 枚の窓で視界を確保し、真ん中に前照灯、腰部左右に尾灯と停止表示灯を備えている。この尾灯と停止表示灯は、バスの部品を流用している。車体の外装は、クリーム色を基調に紺色の帯となっている。

　次 に 1080 形、1090 形、1200 形、1350 形も半鋼製車体を持つ電車である。細かな相違はあるものの、スタイル的には、ほぼ同じ形状である。車体カラーリングは、アイボリーホワイトにライトグリーンの帯が入る。1954（昭和 29）年

〜1960（昭和 35）年にかけて、製造されたグループである。

　1979（昭和 54）年に熊本市電に導入された 5000 形は、2 両固定編成（2 車体連接構造）で、元々は西日本鉄道 1000 形として 1953（昭和 28）年〜1954（昭和 29）年に製造された車両で、福岡市内線の縮小により、4 編成が熊本市電にやってきた。

　全鋼製車体で、編成長は 18.4m。道路を走行している姿はなかなかの迫力がある。新形式車両の導入に伴い、長らく全車休車となっていたが、5014 編成が 2017（平成 29）年 3 月 27 日から営業運転に復帰している。

　8200 形は熊本市電にとって、22 年ぶりとなる新形式の車両で、1982（昭和 57）年に 2 両が製造された。この 8200 形は、日本で初となる VVVF インバー

日本初の VVVF インバータ制御となる 8200 形

タ制御を搭載した電車で、当時の最新技術を詰め込んだ画期的な車両だった。(VVVF インバータ制御とは、近年の路面電車から最新の新幹線まで採用している現在主流の制御装置である。)

　車体は全金属軽量構造車体のボギー車。直線的で未来的なフォルムは、沿線の人々に人気で、カラーリングはアイボリーホワイトにグリーンの帯が入る。のちに、1080 形〜 1350 形リニューアルの際にも、同じカラーリングが採用された。

　8500 形は 1985 (昭和 60) 年〜 1986 (昭和 61) 年に 4 両導入された形式で、車体は 8200 形のようなデザインに新造されたものの、足回りは 1200 形の廃車流用品を使った車両で、導入コスト削減のために設計された。そのため、見かけは近代的だが、駆動方式は旧式の吊り掛け駆動方式のままという異色な存在である。

　1988 (昭和 63) 年と 1993 (平成 5)年には 8800 形が登場した。8200 形とは異なり、全体的に丸みを帯びたデザインで、客室窓もより大きくなってい

る。また同じ 8800 形式ではあるものの、101 号車は、明治・大正時代の路面電車を思わせるレトロ調なデザインで、外装全体が小豆色、金モールの飾り帯が装飾されているほか、屋上の冷房装置を覆うように、ダブルルーフが設置されている。

　以降も近代的な新型車両の導入が続き、8800 形を基本設計とした 9200 形が、1992 (平成 4) 年〜 1994 (平成 6) 年にかけて 5 両製造されている。また超低床電車の開発が始まり、1997 (平成 9) 年からは、日本で初めての超低床電車 9700 形が製造され、営業運転が開始された。

　9700 形は 2 車体連接構造で、現在国内を運行している超低床電車の基礎となった歴史的な車両である。9700 形の開発で技術や経験を積み、さらに 2009 (平成 21) 年には、超低床電車の 0800 形が製造された。2014 (平成 26) 年に製造された 2 次車 0803 号は、熊本市電開業 90 周年の記念事業による記念車両として「COCORO」の愛称が付いている。

熊本市交通局　上熊本車両基地　大江車庫　車両一覧（現役の車両一覧）

形式	番号	製造年	製造所	駆動方式	制御方式	車体形状	備考
1060	1063	1951	廣瀬車両	吊り掛け	抵抗	ボギー	旧163号
1080	1081	1954	新木南車両	吊り掛け	抵抗	ボギー	旧181号
	1085	1954	東洋工機	吊り掛け	抵抗	ボギー	旧185号
1090	1091	1957	東洋工機	吊り掛け	抵抗	ボギー	旧191号
	1092	1957	東洋工機	吊り掛け	抵抗	ボギー	旧192号
	1093	1957	東洋工機	吊り掛け	抵抗	ボギー	旧193号
	1094	1957	東洋工機	吊り掛け	抵抗	ボギー	旧194号
	1095	1957	東洋工機	吊り掛け	抵抗	ボギー	旧195号
	1096	1955	東洋工機	吊り掛け	抵抗	ボギー	旧188号
	1097	1955	東洋工機	吊り掛け	抵抗	ボギー	旧189号
1200	1201	1958	東洋工機	吊り掛け	抵抗	ボギー	旧201号
	1203	1958	東洋工機	吊り掛け	抵抗	ボギー	旧203号
	1204	1958	東洋工機	吊り掛け	抵抗	ボギー	旧204号
	1205	1959	東洋工機	吊り掛け	抵抗	ボギー	旧205号
	1207	1959	東洋工機	吊り掛け	抵抗	ボギー	旧207号
	1210	1958	東洋工機	吊り掛け	抵抗	ボギー	旧200号
1350	1351	1960	東洋工機	吊り掛け	抵抗	ボギー	旧351号
	1352	1960	東洋工機	吊り掛け	抵抗	ボギー	旧352号
	1353	1960	東洋工機	吊り掛け	抵抗	ボギー	旧353号
	1354	1960	東洋工機	吊り掛け	抵抗	ボギー	旧354号
	1355	1960	東洋工機	吊り掛け	抵抗	ボギー	旧355号
	1356	1960	東洋工機	吊り掛け	抵抗	ボギー	旧356号
8200	8201	1982	日本車輛	カルダン	VVVF	ボギー	愛称「しらかわ」
	8202	1982	日本車輛	カルダン	VVVF	ボギー	愛称「火の国」
8500	8501	1985	アルナ工機	吊り掛け	抵抗	ボギー	1200形の機器流用
	8502	1985	アルナ工機	吊り掛け	抵抗	ボギー	1200形の機器流用
	8503	1986	アルナ工機	吊り掛け	抵抗	ボギー	1200形の機器流用
	8504	1986	アルナ工機	吊り掛け	抵抗	ボギー	1200形の機器流用
8800	8801	1988	アルナ工機	カルダン	VVVF	ボギー	愛称「サンアントニオ号」
	8802	1988	アルナ工機	カルダン	VVVF	ボギー	愛称「桂林号」
	101	1993	アルナ工機	カルダン	VVVF	ボギー	レトロ電車
9200	9201	1992	アルナ工機	カルダン	VVVF	ボギー	愛称「ハイデルベルク号」
	9202	1992	アルナ工機	カルダン	VVVF	ボギー	
	9203	1993	アルナ工機	カルダン	VVVF	ボギー	
	9204	1993	アルナ工機	カルダン	VVVF	ボギー	
	9205	1994	アルナ工機	カルダン	VVVF	ボギー	
5000	5014AB	1957	川崎車両	カルダン	抵抗	2車体連接	元西鉄1014AB
9700	9701AB	1997	新潟鐵工所・アドトランツ	カルダン	VVVF	2車体連接	
	9702AB	1999	新潟鐵工所・アドトランツ	カルダン	VVVF	2車体連接	
	9703AB	1999	新潟鐵工所・アドトランツ	カルダン	VVVF	2車体連接	
	9704AB	2001	新潟鐵工所・アドトランツ	カルダン	VVVF	2車体連接	
	9705AB	2001	新潟鐵工所・アドトランツ	カルダン	VVVF	2車体連接	
0800形	0801AB	2009	新潟トランシス	カルダン	VVVF	2車体連接	
	0802AB	2009	新潟トランシス	カルダン	VVVF	2車体連接	
	0803AB	2014	新潟トランシス	カルダン	VVVF	2車体連接	愛称「COCORO」

鹿児島市交通局

概要

　鹿児島の市電は、日本最南端の路面電車である。谷山線（武之橋〜谷山）、第一期線（武之橋〜鹿児島駅前）、第二期線（高見馬場〜鹿児島中央駅前）、唐湊（とそ）線（鹿児島中央駅前〜郡元）の4路線で構成されている。

　ただし、電車の運行は路線とは異なり、1系統が鹿児島駅前〜武之橋〜谷山、2系統が鹿児島駅前〜鹿児島中央駅前〜郡元で、平均5分間隔で運行されている。

　全線が複線で、線路の軌間は1435mm、使用電圧は600V。涙橋〜谷山間が新設軌道区間となる。併用軌道区間は、一部の交差点を除きセンターポール化されているほか、軌道の芝生化も進められ、交差点部分を除き完了している。この芝生軌道の保守、維持管理のため、芝刈り電車も開発され、終電後の深夜に作業が行われている。

　乗車方法は後乗り前降りの後払い方式で、運賃は均一で大人170円（小人80円）。ICカード「ラピカ（Rapica）」も使用可能で、乗車時と下車時にカードリーダーへタッチする。「一日乗車券」は大人600円(小人300円)が発売されている。スマホアプリを使用した「一日乗車

券」や、「市電・市バス・シティビュー24時間乗車券」、「市電・市バス・シティビューナイトパス」などもある。

　路線は、鹿児島、鹿児島中央、南鹿児島でJRと接続しているほか、指宿枕崎（いぶすきまくらざき）線とは谷山まで併走する形のため、JRの郡元駅、宇宿（うすき）駅、谷山駅へも電停から徒歩圏内で到達できる。

　さらに、南九州一の繁華街となる「天文館」や「維新ふるさと館」、「いおワールドかごしま水族館」など観光地のほか、官庁街やビジネス街も沿線にあるため、利用客も多い。

歴史

　鹿児島市電は、1912（大正元）年12月1日に、鹿児島電気軌道により現在の谷山線となる武之橋～谷山間が開業したのに始まる。当初、軽便鉄道として特許

を得ており、全線が新設軌道であった。軽便鉄道から軌道への変更は1928（昭和3）年に行われ、新設軌道も1960年代に道路の新設や拡張、橋の共用化などで武之橋～涙橋間が併用軌道に変更された。

　1914（大正3）年の7～12月にかけて、第一期線の武之橋～鹿児島駅前間が軌道線として開業、翌年の1915（大正4）年12月17日に、高見馬場～武駅前（後の西鹿児島駅前、現在の鹿児島中央駅前）間も開通した。

　1928（昭和3）年7月1日に、鹿児島電気軌道は鹿児島市に買収され、鹿児島市電気局に変更された。その後、交通課、交通部を経て、1952（昭和27）年10月1日に鹿児島市交通局となっている。

　鹿児島中央駅前～郡元間は、1950（昭和25）年10月1日に西鹿児島駅前（現在の鹿児島中央駅前）～中州通間が開業

新しい鹿児島の観光地「アミュプラザ鹿児島」の観覧車とユートラムⅡ

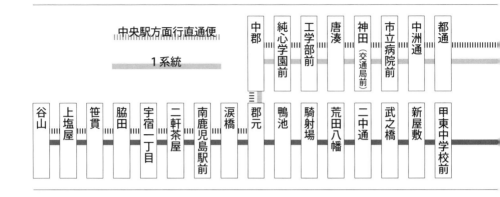

中央駅方面行直通便

1系統

中郡　純心学園前　工学部前　唐湊　神田（交通局前）　市立病院前　中洲通　都通

谷山　上塩屋　笹貫　脇田　宇宿一丁目　二軒茶屋　南鹿児島駅前　涙橋　郡元　鴨池　騎射場　荒田八幡　二中通　武之橋　新屋敷　甲東中学校前

鹿児島市交通局系統表

系統番号	区間
1	鹿児島駅前〜騎射場〜谷山
2	鹿児島駅前〜鹿児島中央駅前〜郡元
中央駅方面行直通便	鹿児島駅前〜鹿児島中央駅前〜谷山

鹿児島市交通局路線表

路線名	区間	距離	線路形態
谷山線	武之橋〜谷山	6.4km	複線
市内第一期線	武之橋〜鹿児島駅前	3.0km	複線
市内第二期線	高見馬場〜鹿児島中央駅前	1.0km	複線
唐港線	鹿児島中央駅前〜郡元	2.7km	複線

鹿児島駅前に並ぶ市電

し、順次路線を延ばし、1959（昭和34）年12月20日に郡元に達した。

　これにより、現在の路線網が完成したが、これ以外に、上町線（朝日通〜清水町）、伊敷線（加治屋町〜伊敷町）の2路線が在籍したが、上町線は鹿児島空襲の被災により、一部区間が休止を経て廃止、残った区間も伊敷線と共に1985（昭和60）年10月1日に廃止となった。

車両

　営業用車両の最古参となるのが600形で、1959（昭和34）年から1963（昭和38）年にかけて、16両が誕生した。

601〜604号の台車はコイルバネだが、605〜616号は鹿児島市電初の空気バネ台車が採用された。空気バネ台車は乗り心地が良いが、保守に手間がかかるため、615、616号がコイルバネ台車に交換された。また、廃車も空気バネ台車の車両から進められている。

　600形の改造車としては、616号が2012（平成24）年にレトロ調の100形101号に改造され、観光電車「かごでん」として運行された。現在は、通常の営業車両電車として使用されている。605号は「カフェトラムカゴシマC6」として、カフェテリア風となりイベントや貸切り電車となっている。

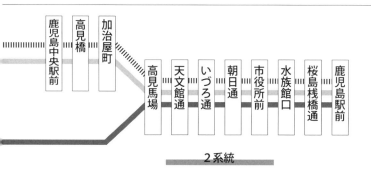

鹿児島中央駅前　高見橋　加治屋町　高見馬場　天文館通　いづろ通　朝日通　市役所前　水族館口　桜島桟橋通　鹿児島駅前

2系統

左・緑化が進められた併用軌道　右・散水電車の 512 号は芝刈り電車として使用される

　2100 形は、1989（平成元）年の交通局発足 60 周年と鹿児島市制 100 周年を記念して誕生した車両で、2 両が JR 九州の鹿児島車両所で新製された。カルダン駆動方式となり、ワンハンドルマスコンを初めて採用、車内も転換クロスシートとロングシートを千鳥配置にするなど、これまでにない車両となった。しかし、転換クロスシートはラッシュ時には適さないため、1995（平成 7）年にロングシートに改造された。

　2110 形は、2100 形を基に初の VVVF インバータ制御となった車両で、3 両が 2100 形と同じく、JR 九州の鹿児島車両所で製造された。前面に傾斜を持たせた

ほか、前扉は 2 枚折り戸、中扉は 4 枚折り戸となるなど 2100 形とは外観が異なる。マスコンハンドルは従来の 2 ハンドルに変更された。

　2110 形の増備車として、1991（平成 3）年に 2120 形、1992（平成 4）年に 2130 形、1994（平成 6）年に 2140 形が、各 2 両製造された。マスコンハンドルがワンハンドルに再度変更され、座席がバケットシートに変わったほかは変化がない。なお、2140 形は 2142 を忌み番として欠番にしている。

　9500 形は、800 形の電装品、台車を流用し、2110 形に近い新製車体と組み合わせた更新車で、吊り掛け駆動となっ

鹿児島市交通局　神田（交通局前）車庫　車両一覧（現役の車両一覧）

形式	番号	製造年	製造所	駆動方式	制御方式	車体形状	備考
500	501	1955	東洋工機	吊り掛け	抵抗	ボギー	
600	601	1959	日立製作所	吊り掛け	抵抗	ボギー	
	602	1959	日立製作所	吊り掛け	抵抗	ボギー	
	603	1959	日立製作所	吊り掛け	抵抗	ボギー	
	605	1960	ナニワ工機	吊り掛け	抵抗	ボギー	イベント用「カフェトラムカゴシマC6」
	611	1960	ナニワ工機	吊り掛け	抵抗	ボギー	
	612	1960	ナニワ工機	吊り掛け	抵抗	ボギー	
	613	1962	帝國車両	吊り掛け	抵抗	ボギー	
	614	1962	帝國車両	吊り掛け	抵抗	ボギー	
	615	1962	帝國車両	吊り掛け	抵抗	ボギー	
2100	2101	1989	JR九州	カルダン	抵抗	ボギー	
	2102	1989	JR九州	カルダン	抵抗	ボギー	
2110	2111	1991	JR九州	カルダン	VVVF	ボギー	
	2112	1991	JR九州	カルダン	VVVF	ボギー	
	2113	1991	JR九州	カルダン	VVVF	ボギー	
2120	2121	1991	JR九州	カルダン	VVVF	ボギー	
	2122	1991	JR九州	カルダン	VVVF	ボギー	
2130	2131	1992	JR九州	カルダン	VVVF	ボギー	
	2132	1992	JR九州	カルダン	VVVF	ボギー	
2140	2141	1994	JR九州	カルダン	VVVF	ボギー	
	2143	1994	JR九州	カルダン	VVVF	ボギー	
9500	9501	1995	アルナ工機	吊り掛け	抵抗	ボギー	旧803号の更新
	9502	1995	アルナ工機	吊り掛け	抵抗	ボギー	旧804号の更新
	9503	1996	アルナ工機	吊り掛け	抵抗	ボギー	旧801号の更新
	9504	1996	アルナ工機	吊り掛け	抵抗	ボギー	旧808号の更新
	9505	1996	アルナ工機	吊り掛け	抵抗	ボギー	旧813号の更新
	9506	1997	アルナ工機	吊り掛け	抵抗	ボギー	旧805号の更新
	9507	1997	アルナ工機	吊り掛け	抵抗	ボギー	旧807号の更新
	9508	1997	アルナ工機	吊り掛け	抵抗	ボギー	旧811号の更新
	9509	1998	アルナ工機	吊り掛け	抵抗	ボギー	旧802号の更新

ている。

　9700形は、9500形とほぼ同じ車体だが、カルダン駆動に変更された新製車。ただ、VVVFインバータ制御ではなく抵抗制御となっている。1998（平成10）年に2両がアルナ工機で製造された。

　1000形は、アルナ工機が開発した国産初の超低床電車で、「リトルダンサーA3」と称される。運転室の付いたA、B車体に客室のC車体を挟み込む形で、IGBT素子のVVVFインバータ制御を搭載している。2001（平成13）年に1次車（1011〜1013）が誕生、2004（平成16）年に、座席位置を変更した2次車（1014〜1016）、2005（平成17）年に、後部ドアを中央寄りに移設した3次車（1017〜1019）が導入された。「ユートラム」の愛称がある。

　7000形は、1000形に続き導入された超低床電車で、「リトルダンサーA5」と呼ばれる5車体連接車。A＋C＋E＋D＋Bの車体で構成され、構造や機能は1000形のシステムを引き継いだIGBT素子のVVVFインバータ方式で、パンタグラフはE車に搭載されている。「ユートラムII」の愛称がある。

形式	番号	製造年	製造所	駆動方式	制御方式	車体形状	備考
9500	9510	1998	アルナ工機	吊り掛け	抵抗	ボギー	旧806号の更新
	9511	1998	アルナ工機	吊り掛け	抵抗	ボギー	旧815号の更新
	9512	1999	アルナ工機	吊り掛け	抵抗	ボギー	旧810号の更新
	9513	1999	アルナ工機	吊り掛け	抵抗	ボギー	旧812号の更新 愛称「NexTram KIRIKO」
	9514	2000	アルナ工機	吊り掛け	抵抗	ボギー	旧809号の更新
	9515	2000	アルナ工機	吊り掛け	抵抗	ボギー	旧814号の更新
9700	9701	1998	アルナ工機	カルダン	抵抗	ボギー	
	9702	1998	アルナ工機	カルダン	抵抗	ボギー	
100	101	2012	アルナ車両	吊り掛け	抵抗	ボギー	旧616号の更新 レトロ調 愛称「かごでん」
1000	1011ACB	2001	アルナ工機	カルダン	VVVF	3車体連接	愛称「ユートラム」
	1012ACB	2001	アルナ工機	カルダン	VVVF	3車体連接	愛称「ユートラム」
	1013ACB	2001	アルナ工機	カルダン	VVVF	3車体連接	愛称「ユートラム」
	1014ACB	2004	アルナ車両	カルダン	VVVF	3車体連接	愛称「ユートラム」
	1015ACB	2004	アルナ車両	カルダン	VVVF	3車体連接	愛称「ユートラム」
	1016ACB	2004	アルナ車両	カルダン	VVVF	3車体連接	愛称「ユートラム」
	1017ACB	2005	アルナ車両	カルダン	VVVF	3車体連接	愛称「ユートラム」
	1018ACB	2005	アルナ車両	カルダン	VVVF	3車体連接	愛称「ユートラム」
	1019ACB	2005	アルナ車両	カルダン	VVVF	3車体連接	愛称「ユートラム」
7000	7001ACEDB	2007	アルナ車両	カルダン	VVVF	5車体連接	愛称「ユートラムⅡ」
	7002ACEDB	2007	アルナ車両	カルダン	VVVF	5車体連接	愛称「ユートラムⅡ」
	7003ACEDB	2008	アルナ車両	カルダン	VVVF	5車体連接	愛称「ユートラムⅡ」
	7004ACEDB	2008	アルナ車両	カルダン	VVVF	5車体連接	愛称「ユートラムⅡ」
7500	7501AB	2017	アルナ車両	カルダン	VVVF	2車体連接	愛称「ユートラムⅢ」
	7502AB	2017	アルナ車両	カルダン	VVVF	2車体連接	愛称「ユートラムⅢ」
	7503AB	2019	アルナ車両	カルダン	VVVF	2車体連接	愛称「ユートラムⅢ」
	7504AB	2019	アルナ車両	カルダン	VVVF	2車体連接	愛称「ユートラムⅢ」
20	花3	1956	東洋工機	吊り掛け	抵抗	ボギー	2021年504号改造
500	512	1956	東洋工機	吊り掛け	抵抗	ボギー	芝刈り車牽引兼散水車 2010年大阪車輌工業改造

800形の更新で誕生した9500形

2017（平成29）年から導入された7500形は、2車体連接の「リトルダンサーX」をベースにした車両で、世界最小クラスの主電動機を使用し、WN駆動での超低床電車を実現した。現在、4編成が「ユートラムⅢ」として運用されている。

　このほか事業用車両として、20形花3号と芝刈り電車が在籍する。20形花3号は、毎年11月に開催される「おはら祭」の際に花電車として運行される車両で、500形504号を2021（令和3）年に改造した。前後の運転台を残し、無蓋化した構造となっている。

　芝刈り電車は、500形512号を散水電車に改造し、車内に水タンクを搭載、前後に散水用ノズルを装置した。芝刈り装置は513号の台車を流用し、芝刈り用の刃や油圧ポンプ、ブロア、芝収納箱を設置し、513号と連結して使用される。

路面電車ではないけれど、
路面電車？

　別項で、鉄道と路面電車 (軌道) の棲み分けは違う、と記述している。しかし世の中には、常に例外というものが存在する。

　私たちが果物と思っているメロンやイチゴが、分類上は、実は野菜となる例などである。法令上において、「鉄道線の線路は道路上に敷設できない」という条文がある。

　だが実際には、道路上の線路 (併用軌道という) を運行している鉄道もある。熊本県の熊本電気鉄道（以後、熊本電鉄）と、神奈川県の江ノ島電鉄（以後、江ノ電）だ。

　熊本電鉄は、藤崎宮前〜黒髪町間の約 150m、江ノ電においては、江ノ島〜腰越間、鎌倉高校前〜七里ヶ浜間の一部、七里ヶ浜〜稲村ヶ崎間の一部、稲村ヶ崎〜極楽寺間の一部の計 4 か所、980m の併用軌道区間がある。

　両社に共通しているのは、開通時には軌道であったことだ。そのために、道路上に線路を敷設することが、当たり前に出来たわけだ。そして両者ともに、

道路上を走る江ノ電

太平洋戦争の最中に、事業内容を軌道から鉄道に変更する申請をしている。この辺りは、戦況の情勢などもあったのかもしれない。

　戦中戦後の混沌とした社会情勢の中、両電鉄ともに、併用軌道を移設する機会を逸し、今日に至っているようだ。現在は、国土交通省からの特認を得て運行していると思われる。

　特徴的なのは、熊本電鉄の併用軌道は、道の端に寄っているのに対し、江ノ電の併用軌道は、道路の真ん中を走ることである (江ノ島〜腰越間)。

　いずれにしても、住宅街の道を 20m 級の大型車両が走る姿や、電車の両脇をクルマが行き交う姿は、熊本と神奈川だけでしかお目にかかれない、貴重な路面電車ではないけれど路面電車 ? な鉄道シーンである。

　車両の相違という例もある。もっとも、どこまでが鉄道車両で、どこからが路面電車か ? と言われれば、これは鉄道車両のパラドックス的なお話となってしまうが、いわゆる単行 (1 両) か、連節車でワンマン運行、運賃は運転士横の

鉄道線ながら路面電車のような区間を走る熊本電鉄

運賃箱で精算、などとなれば、大よそ路面電車(軌道)のイメージとなろう。

　しかし、福岡県の筑豊電気鉄道（以後、筑豊電鉄）は、車両は完全な路面電車仕様ながら、鉄道事業法による立派な鉄道路線である。この路線は、元々西鉄北九州線(路面電車・既に廃止)に乗り入れていた都合上、駅の設備や車両を、路面電車側に合わせて運行されていた。

　北九州線が廃止された後も、施設の改修は行われず、旅客の慣例などもかんがみて、路面電車のシステムのまま、運行される鉄道路線となった。

　筑豊電鉄は、鉄道線で唯一路面電車仕様の電車が走るが、軌道線と鉄道線が混在し、車両が直通するケースもある。

　伊予鉄道松山市内線は、路面電車が運行されているが、古町〜平和通一丁目間の2.7kmは鉄道線として登録されている。この区間は道後鉄道により軌間762mmのナローゲージ路線として開業し、伊予鉄道に合併され、改軌と電化、路線の変更が行われた。その際、道路を走る区間は、軌道法の路線に編入や新設が行われ、専用軌道で残る区間が鉄道事業法の城北線となった。この路線は

左・鉄道線だが路面電車が走る筑豊電鉄　右・伊予鉄道城北線を走る 2000 形

環状線の一部をなしているため、車両は路面電車により運行されている。

　広島電鉄も軌道の市内線と鉄道の宮島線が直通運転し、車両は路面電車タイプが使用される。福井鉄道の福武線は、鉄道線として最初の区間が開業したが、市の中心部まで乗り入れるため軌道線として延伸された。やはりここも路面電車仕様車が走っている。

　逆に、軌道法の路線ながら、鉄道線に近い車両が走る例もある。東京都の都電荒川線と東急世田谷線、京都の嵐電などはホームがかさ上げされたので、鉄道線車両に近い形状をしている。

　さらに、京阪電鉄の大津線は、全線が軌道法による運営ながら、鉄道車両が走る変わった路線だ。以前は路面電車タイプの車両が使用されていたが、京都市営地下鉄東西線との乗り入れにともない、1両16.5mの4両編成電車が走っており、床面の高さも900mmある。さらに石山坂本線の電車は1両15mで床面が1050mm、大津線は一般の電車とほぼ同じになっている。

　路面電車と言っても、様々な仕様の電車が走っているのがわかるだろう。

左・鉄道の広島電鉄宮島線を走る3800形　右・京阪電鉄の大津線。軌道法ながら4両編成の鉄道車両が走る

Profile

渡部史絵 ◉ わたなべ・しえ

鉄道ジャーナリスト。2006年から活動。月刊誌『鉄道ファン』や「東洋経済オンライン」
の毎月連載をはじめ、書籍や新聞・テレビやラジオ等で、鉄道の有用性や魅力を発
信中。著書は21作を数え、『地下鉄の魅力大研究』『鉄道なんでも日本初！』（天夢人）
「鉄道写真 ここで撮ってもいいですか」（オーム社）『超！探求読本 誰も書かなかった
東武鉄道』（河出書房新社）『地下鉄の駅はものすごい』（平凡社）『電車の進歩細見』
（交通新聞社）『譲渡された鉄道車両』（東京堂出版）ほか、多数ある。
国土交通省・行政や大学、鉄道事業者にて講演活動等も多く行う。
Yahoo! ニュース公式エキスパート
https://news.yahoo.co.jp/profile/commentator/watanabeshie
公式X（旧ツイッター）https://twitter.com/shierail
公式ブログ https://ameblo.jp/shie-rail/

参考文献 ●『鉄道ピクトリアル 2011年8月号臨時増刊「特集　路面電車」』鉄道図書刊行会／『日本の路面電車ハ
ンドブック』日本路面電車同好会／各事業者の年史・資料／『私鉄車両編成表』交通新聞社　各年／各事業者の公
式ホームページ（時刻表、運賃、観光地など）／『鉄道ピクトリアル臨時増刊新年年鑑』各年　鉄道図書刊行会／
『鉄道ピクトリアル』各号　鉄道図書刊行会／『日本路面電車地図鑑 (別冊太陽)』平凡社／『路面電車の謎と不思議』
東京堂出版／『鉄道ファン』各号　交友社　その他各誌

写真	結解 学
編集	揚野市子
デザイン	ロコ・モーリス組
編集協力	後藤さおり

北海道から九州まで、全国の路面電車の現状を徹底解説！

路面電車の魅力大研究

2024年6月5日　初版第1刷発行

著　者	渡部史絵
発行人	山手章弘
発行所	イカロス出版株式会社
	〒101-0051　東京都千代田区神田神保町1-105
	contact@ikaros.jp（内容に関するお問合せ）
	sales@ikaros.jp（乱丁・落丁、書店・取次様からのお問合せ）
印刷・製本	日経印刷株式会社